Theorien des Computerspiels zur Einführung

GamesCoop

Theorien des Computerspiels
zur Einführung

JUNIUS

Wissenschaftlicher Beirat
Michael Hagner, Zürich
Ina Kerner, Berlin
Dieter Thomä, St. Gallen

Junius Verlag GmbH
Stresemannstraße 375
22761 Hamburg
www.junius-verlag.de

© 2012 by Junius Verlag GmbH
Alle Rechte vorbehalten
Umschlaggestaltung: Florian Zietz
Titelbild: »Companion Cube«/
Portal (Valve/EA 2007)
Satz: Junius Verlag GmbH
Printed in the EU 2012
ISBN 978-3-88506-691-0
(zur Einführung; 391)

Die Deutsche Nationalbibliothek – CIP-Einheitsaufnahme

Bibliografische Information Der Deutschen Nationalbibliothek
Die Deutsche Nationalbibliothek verzeichnet diese Publikation in der
Deutschen Nationalbibliografie; detaillierte bibliografische Daten
sind im Internet über <http://dnb.d-nb.de> abrufbar

Zur Einführung ...

... hat diese Taschenbuchreihe seit ihrer Gründung 1977 gedient. Zunächst als sozialistische Initiative gestartet, die philosophisches Wissen allgemein zugänglich machen und so den Marsch durch die Institutionen theoretisch ausrüsten sollte, wurden die Bände in den achtziger Jahren zu einem verlässlichen Leitfaden durch das Labyrinth der neuen Unübersichtlichkeit. Mit der Kombination von Wissensvermittlung und kritischer Analyse haben die Junius-Bände stilbildend gewirkt.

Seit den neunziger Jahren reformierten sich Teile der Geisteswissenschaften als Kulturwissenschaften und brachten neue Fächer und Schwerpunkte wie Medienwissenschaften, Wissenschaftsgeschichte oder Bildwissenschaften hervor. Auch im Verhältnis zu den Naturwissenschaften sahen sich die traditionellen Kernfächer der Geisteswissenschaften neuen Herausforderungen ausgesetzt. Diesen Veränderungen trug eine Neuausrichtung der Junius-Reihe Rechnung, die seit 2003 von der verstorbenen Cornelia Vismann und zwei der Unterzeichnenden (M.H. und D.T.) verantwortet wurde.

Ein Jahrzehnt später erweisen sich die Kulturwissenschaften eher als notwendige Erweiterung denn als Neubegründung der Geisteswissenschaften. In den Fokus sind neue, nicht zuletzt politik- und sozialwissenschaftliche Fragen gerückt, die sich produktiv mit den geistes- und kulturwissenschaftlichen Problemstellungen vermengt haben. So scheint eine erneute Inventur der Reihe sinnvoll, deren Aufgabe unverändert darin besteht, kompetent und anschaulich zu vermitteln, was kritisches Denken und Forschen jenseits naturwissenschaftlicher Zugänge heute zu leisten vermag.

Zur Einführung ist für Leute geschrieben, denen daran gelegen ist, sich über bekannte und manchmal weniger bekannte Autor(inn)en und Themen zu orientieren. Sie wollen klassische Fragen in neuem Licht und neue Forschungsfelder in gültiger Form dargestellt sehen.

Zur Einführung ist von Leuten geschrieben, die nicht nur einen souveränen Überblick geben, sondern ihren eigenen Standpunkt markieren. Vermittlung heißt nicht Verwässerung, Repräsentativität nicht Vollständigkeit. Die Autorinnen und Autoren der Reihe haben eine eigene Perspektive auf ihren Gegenstand, und ihre Handschrift ist in den einzelnen Bänden deutlich erkennbar.

Zur Einführung ist in der Hinsicht traditionell, dass es den Stärken des gedruckten Buchs – die Darstellung baut auf Übersichtlichkeit, Sorgfalt und reflexive Distanz, das Medium auf Handhabbarkeit und Haltbarkeit – auch in Zeiten liquider Netzpublikationen vertraut.

Zur Einführung bleibt seinem ursprünglichen Konzept treu, indem es die Zirkulation von Ideen, Erkenntnissen und Wissen befördert.

Michael Hagner
Ina Kerner
Dieter Thomä

Inhalt

Einleitung 9

1. Genrekonzepte des Computerspiels 13
   1.1 Genresysteme 15
   1.2 Unschärfen – Zuordnungskriterien – Lebenszyklen ... 20
   1.3 Hybridisierung von Computerspielgenres........... 31

2. Steuerung als Analysegegenstand 38
   2.1 Hardware Interface 43
   2.2 Logiken der Steuerung 49
   2.3 Steuerungen als Kulturtechniken 72

3. Involvierungsstrategien des Computerspiels 75
   3.1 Immersion – Interaktivität – Involvierung 75
   3.2 Techniken der Involvierung 83
   3.3 Ausblick: Emotionale Involvierung................ 101

4. Erlebtes Handeln in Computerspielen 104
   4.1 Zwei Beispiele 107
   4.2 Das Dispositiv erlebten Handelns 115
   4.3 Kategorien erlebten Handelns................... 118
   4.4 Erlebtes Handeln in Computerspielen ohne Avatar .. 125

5. Das Computerspiel als Bildmedium 128
   5.1 Das Bild als Ferment des Computerspiels 128
   5.2 Das Computerspiel als Handlungsform des Bildes ... 134
   5.3 Das Computerspiel als doppelter Bildakt 142

6. Störungen des Computerspielens 147
   6.1 Systeme des Computerspielens 148
   6.2 Störung und Intention 161
   6.3 Störung als kreatives Mittel und Movens 173

Anhang
   Anmerkungen 179
   Literatur... 189
   Glossar 205
   Über die Autoren 212

Einleitung

von GamesCoop

Was ist das Computerspiel? – Diese Ausgangsfrage mag der Leser am Beginn eines Bandes zur Einführung in die Theorien des Computerspiels erwarten. Ist es, wie der Name nahelegt, in erster Linie ein Spiel, oder sind gerade moderne Computerspiele eher interaktive Erzählungen? Oder ist vielleicht eine ganz andere Kategorie der Beschreibung, etwa die der Simulation, angemessen? An solche Definitionen ließen sich problemlos bestimmte disziplinäre Formationen der Game Studies anschließen – etwa ludologische respektive spieltheoretische Ansätze, narratologische Untersuchungen oder auch Presence- und Immersionskonzepte, die sich mit dem ›Eintauchen‹ des Spielers in seine Spielwelt beschäftigen.

Doch so reizvoll eine ›ontologische Verortung‹ des Computerspiels gerade bei einer ersten Annäherung an diesen komplexen Untersuchungsgegenstand sein mag, da sie das sich rasant entwickelnde Feld der Game Studies schnell und prägnant zu ordnen verspricht – sie muss sich letztlich als ebenso problematisch wie unproduktiv erweisen. Besonders anschaulich zeigt sich dies anhand der wohl berühmtesten Dichotomie der Game Studies, des Streits zwischen *Ludologen* und *Narratologen*, der sich an der Frage entzündet hat, ob es sich bei Computerspielen um Spiele oder Erzählungen handelt. Denn bei genauerer Betrachtung ist es fraglich, ob dieser Streit innerhalb der Game Studies überhaupt je stattgefunden hat oder ob er nicht von außen – im

Zuge disziplinärer Zuständigkeitsbekundungen – an dieses neue Forschungsfeld herangetragen wurde. Noch entscheidender aber ist, dass eine solche Beschreibung des Computerspiels in Form von oppositionellen Begriffspaaren gerade das Bestreben der Game Studies, die *Hybridität* ihres Gegenstands ernst zu nehmen, verfehlt. Aus dieser Perspektive ist die Ludologie vs. Narratologie-Debatte (vgl. Glossar) als vermeintlicher ›Gründungsmythos‹ der Game Studies zwar wissenschaftspolitisch interessant, für die Computerspielanalyse selbst sind Fragen nach Ludizität und Narrativität aber mittlerweile zwei (wenn auch nach wie vor wichtige) Aspekte unter vielen.[1]

Wo also stattdessen ansetzen? Der multidisziplinäre Charakter der Game Studies manifestiert sich inzwischen in einer Vielzahl von Methoden und Forschungsperspektiven. Neben den genannten Fragen nach der Ludizität und Narrativität geht es um die Medialität und Intermedialität, die Bildlichkeit und Auditivität des Computerspiels, um Darstellungen seiner Geschichte, seines Designs, seines Einflusses auf Identitäts- und Genderkonstruktionen und seiner Diffusion in die Pop(ulär)kultur. Es gibt rezeptions- wie produktionsästhetische Annäherungsweisen genauso wie empirisch-sozialwissenschaftliche Ansätze. Computerspielforscher/innen entstammen den Literatur-, Film-, Kunst- oder Medienwissenschaften, der Pädagogik, der Soziologie, der Kommunikationswissenschaft oder der Informatik. Und genauso vielfältig wie die mit dem Computerspiel befassten Wissenschaften zeigt sich schließlich der Untersuchungsgegenstand selbst, der sich mittlerweile nur noch in begrenztem Maße durch eine Einteilung nach Spielprinzipien (wie Action-, Strategie- oder Adventure-Spiel, vgl. Pias 2002) oder eine Auflistung bestimmter ›Meilensteine‹ der Computerspielgeschichte beschreiben lässt, sondern viele weitere Kategorien, etwa Single-/Multiplayer, Casual/Hardcore Gaming oder auch den Bereich der Serious Games, hervorgebracht hat und sich mit dem Siegeszug der Smartphone- und Social Games stetig weiter ausdifferenziert (zu diesen Kategorien vgl. Glossar).

Ziel dieses Einführungsbandes kann und soll es nicht sein, das Feld der Game Studies historisch wie disziplinär umfassend darzustellen. Zwar sind die Game Studies ein vergleichsweise junges Forschungsfeld, das sich in den späten 1990er Jahren zu formieren begann und insbesondere in den letzten zehn Jahren durch einen sprunghaften Anstieg von Publikationen, die Gründungen verschiedener Forschungsplattformen und nicht zuletzt durch eine beginnende Institutionalisierung ein rasantes Wachstum erfahren hat. Doch macht gerade die ausstehende Konsolidierung des Feldes eine nach Vollständigkeit strebende Einführung unmöglich, da es nahezu genauso viele Schulen wie Monografien und Aufsätze zu geben scheint und um die Etablierung von Standards immer noch heftig gestritten wird.

Dem vorliegenden Band geht es also gerade nicht darum, eine *Kanonbildung* der Game Studies zu forcieren bzw. eine schlichte Abfolge einzelner Theorien des Computerspiels zu bieten. Das Ziel ist vielmehr, ein theoretisch abgestimmtes Set von Analyseperspektiven und -methoden darzustellen, das einerseits den bisherigen methodologischen Diskurs der Computerspielanalyse aus verschiedenen Perspektiven resümiert und ihn andererseits auf ein Niveau jenseits der Beliebigkeit disziplinärer Einzelaspekte und kontingenter Materialselektionen hebt.

Die theoretische Rahmung der sechs Kapitel dieses Bandes ist die Frage nach der Spieler-Spielwelt-Beziehung – eine Frage, die in den einzelnen Kapiteln teils explizit artikuliert wird und teils implizit im Theoriedesign angelegt ist, der sich aber letztlich keine Analyse des Computerspiels entziehen kann. Das erste Kapitel behandelt diese Frage zunächst eher indirekt aus einer diskursanalytischen Position heraus, indem das Spieler-Spielwelt-

Verhältnis im Rahmen des *Genrekonzepts* als ein Set von Erwartungshaltungen, von Konventionen und verschiedenen Ausdifferenzierungen des Spielens mit dem Computer begriffen wird. Die drei daran anschließenden Kapitel befassen sich konkreter mit der Spieler-Spielwelt-Bindung entlang der prägnantesten Beschreibungskategorien der aktuellen Game-Studies-Diskussion – dem *Interface*, Formen der *Involvierung* und des *Handlungserlebens*. Kapitel fünf versteht sich als eine Perspektivierung dieser Ansätze aus einer bislang in den Game Studies eher vernachlässigten *bildwissenschaftlichen Position*. Das sechste und abschließende Kapitel nimmt die Spieler-Spielwelt-Bindung ex negativo von deren *Störung* und *Modifikation* her in den Blick.

Die sechs Kapitel bilden ein aufeinander abgestimmtes, aber kein in sich abgeschlossenes Theoriegebäude, da dies letztlich der Komplexität des Computerspiels zuwiderlaufen würde. Vielmehr sollen in einer dezidierten Hinwendung zum spielästhetischen Material aus verschiedenen Perspektiven wichtige Facetten des Computerspiels als Ausgangspunkte einer Analyse aufgezeigt werden. Um dieser Komplexität und der damit einhergehenden methodologischen Offenheit Rechnung tragen zu können, wurde der Band kooperativ von sechs Autor/innen verfasst, die das Computerspiel von verschiedenen *medien(kultur)wissenschaftlichen* Standorten und aus unterschiedlichen Erfahrungsräumen heraus analysieren.[2] Insofern nehmen die sechs Kapitel in vielfältiger Weise aufeinander Bezug, bauen aber nicht aufeinander auf, d.h., sie können in beliebiger Reihenfolge gelesen werden. Wenn sie einen Einblick in die gegenwärtigen Denkbewegungen der Game Studies zu geben vermögen, hat der vorliegende Band sein Ziel erreicht.

1. Genrekonzepte des Computerspiels

von Benjamin Beil

Einer grundlegenden, aber keineswegs hinreichenden Definition zufolge handelt es sich bei Genres um Klassifikationen medialer Ausdrucksformen. Sie markieren ein Set von Konventionen, fungieren als Kommunikationsmatrix zwischen Produzenten, Distribuenten und Rezipienten, im Fall von Computerspielen also u.a. zwischen Entwicklern, Publishern und Spielern. Genres stehen somit für bestimmte Erwartungshaltungen – ein »Arcade-Shooter« (vgl. Glossar) verspricht schnelle, unkomplizierte Action; ein rundenbasiertes »Strategiespiel« (Turn-Based-Strategy, TBS) wird dem Spieler hingegen weniger Reaktionsgeschwindigkeit, aber die Einarbeitung in ein vielschichtiges Regelsystem abverlangen. Weitere Genrebezeichnungen wie »Rollenspiel« (Roleplaying-Game, RPG), »Adventure« oder »Jump'n'Run« und auch (vermeintliche) Präzisierungen wie »Massively-Multiplayer-Online-Roleplaying-Game« (MMORPG), »Point'n'Click-Adventure« oder »2D-Jump'n'Run« (zu diesen Bezeichnungen vgl. Glossar) ließen sich ergänzen. Doch so geläufig viele dieser Kategorien in der Computerspielpraxis sein mögen, offenbart ein solches System schnell seine Unschärfen in der Theorie. So verweist das (insbesondere durch *World of Warcraft* berühmt gewordene) Wortungetüm MMORPG auf eine bestimmte Form des Mehrspielermodus, das Subgenre »Point'n'Click-Adventure« differenziert sich über die Steuerungsmethode und das »2D-Jump'n'Run« über die Art der Raumdarstellung. Daneben existiert eine Reihe anderer

Zuordnungskriterien, etwa narrativ-stilistische Aspekte wie im Fall des Survival-Horror-Genres (z.B. die *Silent-Hill*-Reihe, vgl. Glossar).

So willkürlich und chaotisch die Genrekategorisierungen im Bereich der Computerspiele also auf den ersten Blick wirken mögen (und auf den zweiten Blick in einigen Fällen auch sind), verraten sie doch gleichzeitig viel über die Komplexität dieses Feldes, gerade auch im Hinblick auf die medialen Eigenheiten von Computerspielen, d.h. die Differenzen zu anderen Medien (vgl. Aarseth 2004; Apperley 2006). Bereits ein kurzer Blick auf die genannten Beispiele zeigt, dass Spielmechaniken zwar die vermeintlich wichtigsten Zuordnungsparameter bilden – was im Fall des Computerspiels kaum überraschen dürfte. Es zeigt sich aber ebenso, dass es eine Reihe anderer Kriterien – anderer medialer Ausdrucksformen – gibt, denen eine nicht minder wichtige Rolle zukommt, etwa bestimmte narrativ-stilistische Elemente, die sich auch in anderen Genresystemen finden. Anders formuliert: Die verschiedenen Genrebildungen zeigen anschaulich, dass sich das Computerspiel (in vielen Fällen) nicht hinreichend über seine Spielelemente beschreiben lässt, sondern dass es sich um hochgradig hybride mediale Artefakte handelt.

Die Genrediskussion bildet somit den Auftakt dieser *Theorien des Computerspiels*, da sich der Hybridcharakter des Computerspiels in der Bildung von Genrekategorien – gerade auch im Vergleich mit Genresystemen anderer Medien – einerseits besonders prägnant beschreiben lässt, andererseits aber auch die Komplexität dieser Zusammensetzungen deutlich wird. Denn so zeigt nicht zuletzt die kaum noch überschaubare Zahl von Subgenres, dass es äußerst schwierig ist, ein Spiel tatsächlich eindeutig einem Genre zuzuordnen.

Die Annäherung an das Genresystem des Computerspiels erfolgt in zwei Schritten: Zunächst geht es um einen allgemeiner gefassten Theorieüberblick zum Begriff des Genres. Unter Rückgriff auf filmtheoretische Überlegungen werden dabei vor allem auch intermediale Aspekte von Genrekategorisierungen in den Blick genommen. Darauf folgt die konkrete Anwendung von genretheoretischen Überlegungen auf das Computerspiel in knappen, exemplarischen Analysen einzelner Spiele bzw. Spielreihen.

1.1 Genresysteme

Genres finden sich in der Literatur, in der Malerei, in der Musik, im Film usw., jedoch jeweils in unterschiedlichen Abgrenzungen und Überschneidungen zu anderen Systematisierungen wie etwa dem Stil- oder auch dem Gattungsbegriff.[3] Um die begrifflichen Hürden möglichst niedrig zu halten, widmet sich die Darstellung im Folgenden nicht der grundlegenden Auseinandersetzung mit dem Genrebegriff, sondern konzentriert sich auf die Genremodelle des Computerspiels sowie des Films. Die Berücksichtigung von filmtheoretischen Modellen wird dabei einerseits der intermedialen Gegenüberstellung verschiedener Mechanismen der Genrebildung dienen, andererseits können aus der im Vergleich zum Diskurs der Game Studies (nicht zuletzt auch historisch) wesentlich umfangreicheren Auseinandersetzung mit filmischen Genres grundlegende Überlegungen zu den Funktionen von Genres gewonnen werden.

Film und Computerspiel

Dass Computerspiele im Gegensatz zu Filmen interaktiv sind, oder genauer: eine Reihe interaktiver Spielabschnitte aufweisen, ist ein grundlegendes, aber häufig überstrapaziertes Argument beim intermedialen Vergleich dieser beiden Medien. Lässt man diesen offensichtlichen Unterschied, auf den später zurückzukommen sein wird, zunächst einmal beiseite, dann weist der Film nicht nur hinsichtlich seiner audiovisuellen Darstellungsqualitäten eine Reihe von Ähnlichkeiten mit dem Computerspiel auf, sondern es zeigen auch die aktuell knapp neunzig Verfilmungen[4] von Computerspielen und unzählige Spielumsetzungen von Filmen die bedeutenden Verknüpfungspunkte der beiden Medien. Dass eine Analyse dieser intermedialen Berührungspunkte sehr fruchtbar sein kann, haben verschiedene Arbeiten demonstriert (vgl. etwa King/Krzywinska 2002; Leschke/Venus 2007). Allerdings verdeutlichen diese Ansätze auch, dass solche Vergleiche differenzierter Einzelanalysen bedürfen und dass generalisierende Prognosen einer zunehmenden Verschmelzung von Film und Computerspiel im Zuge der Angleichung der digitalen Produktionsverfahren kaum haltbar sind. Denn bei genauerem Hinsehen bleibt oft nicht mehr als ein gemeinsamer ›Look‹ von Film und Videospiel übrig. So entpuppen sich etwa lizenzierte Spiele zu Filmen meist als nur mäßig originelle Kopien anderer erfolgreicher Spielkonzepte, auf die das jeweilige Filmszenario (mehr oder weniger sorgfältig) aufgesetzt wurde. Und umgekehrt erweisen sich Verfilmungen von Computerspielen häufig als uninspirierte Produktionen, die außer dem Setting und der Rahmenhandlung wenig Ähnlichkeit mit dem Spielerlebnis der Vorlage aufweisen.[5]

Was den Vergleich der beiden Medien hinsichtlich ihrer Genrekategorien über die audio-visuellen Ähnlichkeiten hinaus dennoch so interessant macht, ist vor allem die Verflechtung von Film- und Game-Industrie (vgl. Distelmeyer 2006; Brookey 2010) nicht nur in Form der bereits beschriebenen Adaptionen – sogenannte Tie-in-Strategien –, sondern auch hinsichtlich einer weiterführenden Vergleichbarkeit der Ökonomie insbesondere im Bezug auf das zeitgenössische Blockbuster-Kino (vgl. Blanchet 2003). Dementsprechend finden sich in der Diskussion zu intermedialen Querverbindungen von Film und Computerspiel neben Genrevergleichen (vgl. grundlegend Rauscher 2012), z.B. zu den Bereichen Horror (vgl. Krzywinska 2002; Perron 2009) oder Martial Arts (vgl. Hunt 2002), auch hochinteressante Arbeiten zu Franchises, etwa zu den *Die-Hard*-Filmen (vgl. King 2002) oder zu Ikonen der Popkultur wie James Bond (vgl. Burill 2002).

Genretheorie und Film

Die filmtheoretische Beschäftigung mit dem Genrebegriff in den 1960er Jahren bringt Genres vor allem mit dem amerikanischen Kino in Verbindung und etabliert das Genresystem bald als den negativ konnotierten Gegenbegriff zum europäischen Autorenkino (vgl. Hickethier 2003). Während das Autorenlabel die Originalität eines Filmwerks hervorhebt, dient die Kategorie des Genres in erster Linie als eine »Systematisierungsmatrix« (Kirchmann 2002: 93). Doch während dieser filmtheoretische Diskurs als – nicht selten stark mit Polemik durchsetzte – Diskussion vor allem eine Abgrenzung von Art Cinema und Mainstreamkino vollzieht, setzte die Beschäftigung mit Genrekonventionen in der Produktionspraxis bereits gut fünfzig Jahre früher ein. Vor allem im amerikanischen Kino der 1910er Jahren machte die rasch wachsende Filmproduktion eine zunehmende Standardisierung und Spezialisierung notwendig. Genrekategorien stellen also, genauso wie z.B. das Starsystem, eine Form der Selbstbeschreibung der Filmbranche dar (vgl. Schneider 2004). Dabei ist das Genrelabel, im Gegensatz zur späteren filmtheoretischen Auseinandersetzung, hier vor allem als ökonomische Kategorie zu sehen, die Filmproduzenten ein Regelwerk zur Vermarktung bietet und dem Publikum als Selektionshilfe dient. Vor diesem Hintergrund wird zudem die Entlehnung vieler Genrebezeichnungen aus dem Theater und der Literatur plausibel, bieten diese dem Publikum doch die Möglichkeit einer Orientierung an bereits bekannten Kategorien. Darüber hinaus realisiert sich auf diese Weise eine Verbindung mit etablierten Künsten – und dadurch in einigen Fällen durchaus auch eine (vermeintliche) Aufwertung des noch jungen Mediums Film.

Die Etablierung von Genres wird also nicht nur in Form einer fortwährenden Katalogisierung von Prototypen betrieben, vielmehr dienen Genres als ein System, das bestimmte Standards und Konventionen in bestimmte Erwartungshaltungen kanalisiert. »Die Programme des Erlebens, die Genres anbieten, privilegieren üblicherweise einen bestimmten Typus der affektiven Beteiligung der Zuschauer.« (Hediger/Vonderau 2005: 246) Genres geben Orientierungen vor und werden durch die kommunikative Verwendung im Diskurs ausgeformt. Durch diese vor allem ökonomisch geprägte rezeptionszentrierte Perspektive zur Beschreibung der Zirkulation von Filmen wird auch die notwendige Variabilität, die sich rund um einen Genrekern ausbildet, deutlich. Eine gewisse begriffliche Unschärfe ist daher notwendig für das Funktionieren von Genrekategorien im kommunikativen Gebrauch: »Als Verzeichnisse zu erwartender Gratifikationen sind Genres gleichsam Landkarten des Vergnügens: Sie verhalten sich zum Film wie Landkarten zur Landschaft, insofern sie eine hinreichend genaue, aber keine erschöpfende Darstellung des Unterhaltungsangebots geben.« (Ebd.: 241)

Die Zweckmäßigkeit von Genrekategorien wurde und wird trotz ihrer großen Praxisrelevanz im filmtheoretischen Diskurs immer wieder kritisiert. Diese Zweifel betreffen – neben dem unvermeidbaren Vorwurf eines »Hollywood-centrism« (Stamm 2000: 129) – vor allem die zirkuläre Struktur der Ausbildung von Genrebeschreibungen. »Das Genre geht dem Film (logisch) voraus und ist doch (faktisch) sein Effekt.« (Liebrand/Steiner 2004: 8) Es kann sich erst nachträglich als Reaktion auf einen neuen Prototyp bilden und unterliegt durch die Zuordnung neuer, innovativer Genrevertreter einer stetigen Modifizierung. Genreregeln, d.h. bestimmte narrative Stereotype oder bestimmte audiovisuelle Stilisierungen, werden dabei erst durch häufige Wiederholung als solche erkennbar, denn zuvor hat eine Abweichung von narrativen wie stilistischen Prinzipien oft eher experimentellen Charakter. Die Regelhaftigkeit eines Genres kann sich somit erst nach einer gewissen Zeit ausdifferenzieren und Genrekonventionen ausbilden. Knut Hickethier (2003) beschreibt hierzu einen ›Lebenszyklus‹ von Genres in Form eines Phasenmodells: Entstehung – Stabilisierung – Erschöpfung – Neubildung. Die Genrebildung erfolgt dabei in der Regel durch einen besonders erfolgreichen Einzelfilm. Durch Imitationen und Variationen dieses Erfolgskonzepts kommt es nach einer »längeren Inkubationszeit« (Hickethier 2003: 71) zu einer zunehmenden Ausdifferenzierung des Genres. Sind diese Regelwerke jedoch erst einmal etabliert, ergibt sich ein zunehmender Innovationsdruck für neue Produktionen. Die »Lebendigkeit« (ebd.: 72) eines Genres hängt dabei von der Möglichkeit zur Variantenbildung ab bzw. von der Kombinierbarkeit seiner Elemente mit Elementen anderer Genres. Hickethier weist in diesem Zusammenhang auf die »Festigkeit« (ebd.) von Genres hin. Während etwa der Western eher ein starres System von Genrestrukturen bildet, weisen flexible Genres wie der Kriminalfilm eine höhere Anschlussfähigkeit auf. Genres stellen somit eine historisch veränderbare Konstruktion und keine inhärente Qualität von filmischen Texten dar. Das postmoderne bzw. postklassische Kino scheint dabei vor allem zur Kombination und Vermischung – zur Hybridisierung – von Genres zu tendieren.

1.2 Unschärfen – Zuordnungskriterien – Lebenszyklen

Auch im Bereich der Computerspiele dienen Genres in erster Linie dazu, bestimmte Erwartungshaltungen anzusprechen. So werden Genrebezeichnungen hier ebenfalls von Herstellern oder auch von der Fachpresse als Vermarktungs- bzw. Beschreibungskategorien eingesetzt und bieten dem Nutzer eine Selektionshilfe. Damit einhergehend ergibt sich auch für die Genrekategorien des Computerspiels eine gewisse begriffliche Unschärfe, die ihr Funktionieren im kommunikativen Gebrauch ermöglicht – so führt nicht jede Innovation zu einem neuen Genre, sondern häufig eher zu einer Aktualisierung oder Erweiterung bestehender Genres. Daraus resultiert wiederum eine Diskrepanz zwischen sich schnell verändernden Genrekategorien in der Praxis und den auf größere Zeiträume ausgerichteten Theoriemodellen. Somit lässt sich auch für das Computerspiel in vielen Fällen eine Art Lebenszyklus von Genres und damit verbunden eine unterschiedliche Anpassungsfähigkeit einzelner Genremechanismen rekonstruieren.

Unschärfen von Computerspiel-Genres

Auch wenn eine notorische Unschärfe von Genreklassifikationen einerseits ihre Brauchbarkeit als Theoriemodell infrage stellt, ist sie doch andererseits gerade der Grund der anhaltenden Relevanz und Aktualität des Genrekonzepts im Computerspieldiskurs. Genrekategorien sind in der Praxis nahezu unumgänglich – sei es auf Seiten der Spielentwickler und Publisher, die ein neues Produkt vermarkten wollen; auf Seiten der Spielkritik, die ihre Testberichte nach Genres strukturiert; und nicht zuletzt auf Seiten der Rezipienten und Communities (vgl. Glossar), als Selektionshilfe beim Kauf und bei der Diskussion von Spielen. Genres oszillieren somit ständig zwischen wirtschaftlichen, kulturellen, sozialen und eben nicht zuletzt auch wissenschaftlichen Kategoriebildungen – die zwar die komplexen Verkettungen zwischen Produktion, Rezeption und Kritik in der Praxis aufzeigen, in der Theorie aber eher Probleme aufwerfen. Genreklassifikationen – und dies gilt natürlich nicht nur, aber insbesondere für Computerspiele – tendieren deshalb in der Regel zu immer umfangreicheren Strukturen, die nicht nur zunehmend unübersichtlicher werden, sondern aufgrund kaum vermeidbarer Überschneidungen und Dopplungen nach und nach zu kollabieren drohen. Dieses Phänomen zeigt sich auch in der (noch) vergleichsweise überschaubaren wissenschaftlichen Literatur zu den Genres des Computerspiels, die sich, wenn auch keineswegs trennscharf, in zwei Felder einteilen lässt.

Eine erste Gruppe bemüht sich um die Formulierung von (mehr oder weniger) umfassenden Genresystematiken, die teils auf etablierten Systemen aufbauen (etwa literarische oder filmische Genres) und diese mit Verweis auf die Dominanz der interaktiven spielmechanischen Aspekte von Computerspielgenres teils ablehnen (vgl. z.B. Wolf 2001b; King/Krzywinska 2002; Apperley 2006; Arsenault 2009). Viele Ansätze dieser Art, seien sie nun eher breiter (genre-)historisch ausgerichtet oder stärker auf die Besonderheiten des Computerspiels fokussiert, zeigen dabei besonders deutlich das Problem einer notorischen Unschärfe von Genres, wenn sie zunächst eine Beschränkung auf einige wenige Hauptgenres vornehmen, die dann aber später in diverse Subgenres zerfällt. So unterscheidet etwa Thomas Apperley zwischen Simulation, Strategy, Action und Role-Playing Games, operiert aber schließlich mit zahlreichen unterschiedlich gewichteten und abgeleiteten Unterkategorien. Einen allgemeiner gefassten Vorschlag, der sich explizit nicht als Genresystem versteht, macht Claus Pias mit einer Unterscheidung der Kategorien Action/zeitkritisch, Adventure/entscheidungskritisch und Strategie/

konfigurationskritisch.[6] Auch wenn zeitgenössische Spiele (in den meisten Fällen) nicht eindeutig auf diese drei Kategorien zurückgeführt bzw. reduziert werden können, hat Pias' System den großen Vorteil, klarer hergeleitet zu sein als die zerfasernden Subkategorien vieler anderer Genreklassifikationen, und besitzt somit einen nicht zu unterschätzenden heuristischen Wert.

Eine zweite Gruppe von Arbeiten widmet sich (zumeist in Form von Sammelbänden) bestimmten Einzelgenres wie dem Shooter (Bopp et al. 2009) oder dem Survival-Horror-Game (Perron 2009) oder noch fokussierter bestimmten Spielreihen, die prägend für ein Genre sind wie etwa die *Doom*-Reihe als Prototyp des First-Person-Shooters (Bittanti/Morris 2005; vgl. auch Glossar). Solche Ansätze haben zwar den Nachteil, auf einen (kleineren oder größeren) Ausschnitt eines Genresystems beschränkt zu sein, erweisen sich durch ihre größere Nähe zum Untersuchungsgegenstand aber oft als der geeignetere Zugang zu den komplexen Genrebildungen des Computerspiels, indem sie nicht nur die zentralen Merkmale des jeweiligen Genres anhand von Prototypen zu fassen versuchen, sondern vor allem auch die Variationen und Hybridisierungen – und damit die Komplexität des Mediums Computerspiel – in den Fokus rücken (vgl. vor allem Perron 2009: 6-12).

Da eine Einführung weder Platz für eine umfangreiche Nomenklatur der Genres noch für ausschweifende Detailanalysen einzelner Genres bietet, werden die beiden beschriebenen Strategien lediglich exemplarisch vorgestellt. Ihr Ziel ist eher eine allgemeiner gefasste Sensibilisierung für den Umgang mit den (unscharfen) Kategoriebildungen des Genresystems des Computerspiels, sowohl auf einer allgemeineren theoretischen Ebene als auch bei der konkreten Spielanalyse. Exemplarisch werden im Folgenden die Zuordnungskriterien Spielmechanik, Raum/Perspektive und Narration/Stil diskutiert.

Zuordnungskriterium: Spielmechanik

Während beim Film in vielen Fällen bereits die Verknüpfung von inhaltlichen und stilistischen Elementen zu Klassifikationsproblemen führt, kommen bei den Genres des Computerspiels u.a. noch darstellungstechnische und spielmechanische Aspekte hinzu, wobei Letztere in vielen Fällen das dominante Zuordnungskriterium darstellen.

»Video games complicate ideas of genre that rely on narrative structure (like literary genres) or iconography (like visual genres), by hybridizing narrative and visual iconography, with concerns unique to the video game medium: virtual representation of spaces, movement, and actions, as well as non-representational elements, particular modes of interaction. Thus, whilst *Halo: Combat Evolved* and Sid Meier's *Alpha Centauri* are both games witch a science-fiction narrative and iconography, the two games' spaces, movements, and actions are completely different. Rather than being considered of the same genre, they are more usefully each placed in a genre with other games that share similar game elements; *Halo* with a long series of iterations of first-person shooters going back to *Wolfenstein 3D*, and *Alpha Centauri* with other turn-based strategy games like *Civilization* and *Master of the Orion*.« (Apperly 2009: 354)

Eine ähnliche Hierarchisierung findet sich auch in der Computerspielpraxis, etwa in dem bekannten Online-Computerspielmagazin *Gamespot*. Die Website verfügt über ein äußerst umfangreiches Genresystem, das insgesamt – bezeichnend für die Unschärfe von Genres – über 150 Kategorien umfasst. Das Gamespot-System gliedert sich in neun Oberkategorien, die gewissermaßen die Hauptgenres definieren: Action, Adventure, Action-Adventure, Driving, Miscellaneous (Party und Puzzle-Games), Role Playing, Simulation, Sports, Strategy. Diese Hauptgenres werden in einer Art Baukastensystem durch mehrere Subgenres ergänzt, im Fall der Action-Kategorie etwa mit Beat-'Em-Up, Fighting, Platformer und Shooter. Auf einer dritten Ebene kommt die Raumdarstellung bzw. Perspektive hinzu (u.a. 2D, 3D, First-Person, Third-Person), auf der vierten Ebene eine narrativ-stilistische Verortung (u.a. Fantasy, Sci-Fi, Historic, Horror). Aus dieser Zusammensetzung ergibt sich z.B. die Kategorie Action > Shooter > First-Person > Sci-Fi. Bei dieser Systematisierung fällt auf, dass die neun Hauptkategorien im Wesentlichen auf Spielmechaniken beruhen, wobei einige recht unspezifisch (Action), andere vermeintlich präziser (Driving) formuliert sind. Zudem weist die Unterteilung bereits mehrfache Brüche und Überschneidungen auf: So könnte man fragen, ob Driving und Sports nicht Subgenres von Action (oder aber auch von Simulation) sind und warum sich das Genrehybrid Action-Adventure auf der Hauptebene findet. Doch erscheint eine detaillierte Analyse der Hierarchisierung nach strukturellen Kriterien nicht nur mühselig, sondern letztlich auch unergiebig. Denn da Genres vor allem als Ausdruck von Erwartungshaltungen fungieren, muss die Argumentation hier vielmehr umgedreht werden – so spiegelt die Verortung der Kategorien Driving und Sports sowie des Hybriden Action-Adventure auf der ersten Ebene schlicht die große Bedeutung dieser Genres im kommunikativen Gebrauch (in der Praxis wie in der Theorie) wider.

Zuordnungskriterium: Raum/Perspektive

Auch wenn eine Zuordnung nach Spielmechaniken den prägnantesten Aspekt des Genresystems des Computerspiels darstellen mag, bildet der Bezug auf Raum und Perspektive (2D, 3D, First-Person, Third-Person) eine nicht minder charakteristische Eigenschaft des Computerspiels, die sich als eine Art stilistisches Kriterium (im filmtheoretischen Sinne) kaum hinreichend erfassen lässt. Dabei mag die Unterscheidung zwischen zwei- und dreidimensionalen Darstellungsverfahren vor allem den – etwa im Vergleich zum zeitgenössischen Film wichtigeren – technischen Aspekten des Computerspiels geschuldet sein. Dies betrifft nicht nur die noch kurze, aber rasante Technikgeschichte des Computerspiels, die erst 1980 mit *Battlezone* erste ›echte‹ 3D-Grafiken hervorbrachte. Auch gilt es zu beachten, dass sich trotz der Steigerung der Rechenleistung im zeitgenössischen Computerspiel immer noch verschiedenste Arten von Raumdarstellungen finden (vgl. Beil 2009a). Neben der 2D/3D-Unterscheidung verweisen Kategorien wie First-Person und Third-Person jedoch bereits auf ein komplexeres Feld, das sich weniger über Technik (beide Perspektiven setzen eine 3D-Darstellung voraus) und nur zum Teil über Spielmechaniken (etwa ein intuitiveres Zielen in First-Person-Sicht) erklärt, sondern insbesondere über verschiedene Immersionswirkungen differenziert (vgl. hierzu auch Kap. 2). Des Weiteren ist im Hinblick auf eine solchermaßen erweiterte Genreanalyse zu beachten, dass sich zwischen bestimmten Spielmechaniken und bestimmten Darstellungsarten zwar enge Verknüpfungen nachweisen lassen, die Kombinationsmöglichkeiten bis auf sehr wenige Ausnahmen aber letztlich weitgehend offenbleiben. So nutzen Strategiespiele zwar zumeist eine Übersichtsdarstellung, häufig eine isometrische Ansicht (vgl. Glossar). Es finden sich jedoch ebenso – wenn auch nur vereinzelte – Beispiele für Strategiespiele, die aus einer First-Person-Perspektive gesteuert werden, etwa *Battlezone* (hier nicht der Klassiker von 1980, sondern ein namensgleiches, stark verändertes Remake von 1998).

Zuordnungskriterium: Narration/Stil

Kategorien wie Fantasy, Sci-Fi oder Horror des Gamespot-Systems verweisen auf narrative und stilistische Bezugspunkte, bestimmte Szenarien und Settings. Dass diese Kategorien sich dabei etablierter (insbesondere literarischer und filmischer) Genrebezeichnungen bedienen, lässt sich, ähnlich wie im filmtheoretischen Genrediskurs, in dreierlei Hinsicht begründen. Erstens ermöglicht die Referenzfunktion eine vereinfachte Verwendung im kommunikativen Gebrauch, da das Genre mehrere (narrative wie stilistische) Merkmale eines Spiels zusammenfasst. Darüber hinaus kann zweitens das Genrelabel aber auch Einfluss auf die Einbindung der narrativen Elemente im Spiel haben – von einer Exposition, die auf ein bekanntes Setting samt typischen Figurenkonstellationen zurückgreifen kann, bis hin zur narrativen Motivation bestimmter ›Requisiten‹, im Fall des Shooters etwa ein bestimmtes Waffenarsenal.

Abb. 1 *Alan Wake*

Drittens kann der Rückgriff auf etablierte Genrebezeichnungen aber auch, ähnlich wie insbesondere in der Anfangszeit des Films, einen Versuch der Nobilitierung des (immer noch vergleichsweise jungen) Mediums Computerspiel im Rahmen etablierter (künstlerischer) Traditionen darstellen. Wenn etwa der Third-Person-Shooter *Alan Wake* vom Publisher Microsoft Game Studios auf dem Spielcover mit dem direkt über dem Titel platzierten Schriftzug »Ein Psycho-Action-Thriller« beworben wird, stellt diese ›Genre-Wahl‹ sicherlich nicht unwesentlich eine Strategie der Anknüpfung an die Reputation berühmter filmischer Vorbilder dar. Zudem dient das Genrelabel auf diese Weise gleichzeitig der Abgrenzung von der Genrekonkurrenz im Bereich des Third-Person-Shooters.

Eine solche Strategie der Verknüpfung kann auch ohne die Nennung eines konkreten Genres auf der stilistischen Ebene erfolgen. So erinnert etwa die Darstellung des Third-Person-Shooters *Wet* durch die Simulation eines stark beschädigten Filmmaterials mit Schmutz und Klebestellen, Überbelichtungs- und Vignetierungseffekten an das Exploitationkino der 1960/70er Jahre. Neben diesen intermedialen Zitaten erschafft die Computerspielgeschichte allerdings mittlerweile ihre eigenen Genrestile und verarbeitet diese weiter. Besonders anschaulich wird dies in Remakes, Hommagen und Parodien. So erweist das Action-Adventure *3D Dot Game Heroes* mit seiner eigenwilligen Mischung aus Retroästhetik und zeitgenössischen Grafikeffekten den *Zelda*-Titeln der 8-Bit-Ära (vgl. Glossar) seine Reverenz.

Im Third-Person-Shooter *Eat Lead: The Return of Matt Hazard*, der diverse Videospielklischees, darunter eben auch Genrestilisierungen parodiert, erinnert der Manga-Look des finalen Gegners und vor allem das Design einer dazugehörigen in die Spielwelt projizierten Statusanzeige an japanische Rollenspiele (JRPG), insbesondere die *Final-Fantasy*-Reihe. Als weitere Anspielung dient die fehlende Sprachausgabe des Gegners. So muss sich Matt Hazard fluchend durch lange Dialogboxen klicken, bis endlich der Endkampf (der dann allerdings nach klassischen Third-Person-Shooter-Spielmechaniken abläuft) beginnen kann. Gerade das Zitat des Interface-Designs verdeutlicht dabei, dass die Genrestilisierungen des Computerspiels an vielen Punkten über die Möglichkeiten der filmischen Formen hinausgehen.

Abb. 2 *3D Dot Game Heroes*, Abb. 3 *Eat Lead: The Return of Matt Hazard*

Lebenszyklen von Computerspielgenres

Auch beim Computerspiel lassen sich – wie in der Filmgeschichte – einige recht prägnante, aber auch viele sehr diffuse Entwicklungen von Genres nachzeichnen, je nachdem, wie deutlich ausgeprägt und vor allem wie flexibel eine Genrestruktur ist. Exemplarisch lässt sich dies anhand der Entwicklungsgeschichte des First-Person-Shooters verdeutlichen.

Der First-Person-Shooter scheint sich als Genre auf den ersten Blick sehr prägnant definieren zu lassen: Die Spielmechanik des Zielens/Schießens ist ebenso simpel wie fesselnd, die Art der Raumdarstellung ist bereits in der Genrebezeichnung fest verankert. Mehr noch: Kaum ein anderes Genre dürfte mit der Kombination aus subjektiver Perspektive und einer von unten ins Bild ragenden Waffe eine ähnliche Berühmtheit – auch außerhalb der Computerspielgemeinde – erlangt haben. Die *Entstehung* des Genres ist mit den Prototypen *Wolfenstein 3D* und *Doom* recht deutlich festzumachen. Interessant ist in diesem Zusammenhang eine Untersuchung von Dominic Arsenault, die das Prototypenkonzept der Genreentwicklung verdeutlicht. So zeigt Arsenault, dass die Bezeichnung *First-Person-Shooter* zunächst keinesfalls gebräuchlich war, sondern noch bis Mitte 1997 meist von einem »Doom-Clone« gesprochen wurde (vgl. Arsenault 2009: 165). Doch zurück zur Entwicklungsgeschichte: Es folgt eine Reihe technischer Verbesserungen, etwa durch *Quake* (1996), das erstmals 3D-Polygone anstelle von zweidimensionalen Sprites (vgl. Glossar) für die Darstellung von Gegnern und Gegenständen benutzte. Ohnehin scheint der First-Person-Shooter seine Attraktivität als Genre sehr stark aus technischen Entwicklungen zu beziehen. So präsentieren sich diverse Titel (z.B. *Battlefield 3*) auch heute noch häufig als grafische Benchmarks (vgl. Glossar). Abseits von dem ›Innovationspotenzial‹ einer Steigerung der grafischen Möglichkeiten ist das Genre vor allem durch die *Half-Life*-Reihe weiterentwickelt worden, die die Arcade-Ästhetik der Vorgänger in eine aufwendige, storygeleitete Inszenierung umwandelte. Auch beeinflusste *Half-Life* maßgeblich den Erfolg des Genres der First-Person-Shooter in den Bereichen Multiplayer und Modding (vgl. Glossar; vgl. außerdem Kap. 6), insbesondere durch *Counterstrike* (vgl. Laukkanen 2005). Wenngleich dem Genre immer wieder Ermüdungserscheinungen nachgesagt werden (vgl. Sahdev 2007), ist ein Ende der Erfolgsära des First-Person-Shooters kaum in Sicht. Dies lässt sich vor allem dadurch erklären, dass die grundlegenden Spielmechaniken zwar sehr simpel ausfallen, aber gleichzeitig offen für Erweiterungen und Kombinationen sind, sei es hinsichtlich narrativ-stilistischer Aspekte oder zusätzlicher Spielmechaniken, insbesondere auch im Multiplayerbereich. So mag sich auf den ersten Blick ein moderner First-Person-Shooter wie *Half-Life 2* vor allem im Bereich der Grafikqualität von *Doom* oder *Wolfenstein 3D* unterscheiden. Ein genauerer Vergleich offenbart jedoch eine Reihe bedeutender Weiterentwicklungen, angefangen bei einer atmosphärisch dichten und anspielungsreichen Inszenierung des narrativen Szenarios über die größere Bedeutung der Spielwelt (z.B. durch die Einbindung von Physik-Rätseln) bis hin zur Aufwertung strategischer Gameplay-Elemente (taktischer Einsatz bestimmter Waffentypen, Cover-Spielmechaniken [vgl. Glossar] etc.). Eine ausgezeichnete Aufarbeitung der verschiedenen Stränge dieser Genreevolution hat Rune Klevjer in seinem Aufsatz *The Way oft the Gun* (2009) geleistet. Klevjer tendiert interessanterweise aber auch bereits zu einer Zweiteilung (oder auch Hybridisierung) des zeitgenössischen First-Person-Shooter-Genres in das First-Person-Adventure und die Tactical First-Person-Shooter. Ob oder inwieweit sich diese Bezeichnungen in der Praxis durchsetzen, wird letztlich wiederum vom Erfolg der bisherigen und zukünftigen Prototypen dieser Subgenres abhängen.

1.3 Hybridisierung von Computerspielgenres

Die bisherige Diskussion mag zwar einer gewissen Skepsis begegnen, inwieweit die Rede von Hybridisierungen überhaupt gerechtfertigt erscheint, setzt sich doch bereits ein ›normales‹ Computerspiel(genre) aus einer Vielzahl unterschiedlicher Spielmechaniken, Darstellungsmodi und narrativ-stilistischer Elemente zusammen. Die beiden folgenden Beispiele – *Spore* und *Borderlands* – gehen jedoch hinsichtlich der Kombinatorik zugrunde liegender Genres über die bislang vorgestellten Hybridisierungen hinaus, indem sie – im Sinne des Lebenszyklus-Ansatzes – nicht einfach eine Stabilisierung bzw. Weiterentwicklung eines bestehenden Genres versuchen, sondern vielmehr durch die bewusste Verknüpfung etablierter Hauptgenres eine Form der Neubildung forcieren. *Spore* demonstriert dabei eine Art Hintereinanderschaltung von Genres, *Borderlands* erprobt eine unmittelbare strukturelle Verbindung.

Fallbeispiel: Spore

Spore wird von Gamespot schlicht unter dem Genre *Strategy* geführt. Diese Klassifizierung dürfte dem Umstand geschuldet sein, dass das Spiel des *Sims*-Erfinders Will Wright im Grunde aus fünf Spielen besteht, die unter dem narrativen Mantel von fünf Evolutionsphasen einer Spezies, die der Spieler ›erschafft‹, hintereinandergeschaltet werden. Zusammengehalten wird das Spiel neben der narrativen Rahmung vor allem durch einen umfangreichen »Kreaturen-Editor«, der als Bastelkasten für die eigene Spezies sowie deren Gebäude und Fahrzeuge bis hin zur eigenen Hymne dient. Jede der fünf Phasen ist in Form eines anderen Genres realisiert, wobei hier besonders interessant ist, dass *Spore* durch dieses Szenario zugleich eine Art Geschichte des

Computerspiels schreibt – eine Evolution in Form verschiedener Phasen der Entwicklung von Genres. So erinnert die erste Phase (Zellphase) an Arcade-Klassiker wie *PacMan*, die zweite Phase (Kreaturenphase) orientiert sich an Action-RPGs und die dritte Phase (Stammesphase) an Echtzeitstrategiespielen. Für die vierte und fünfte Phase gestaltet sich die Benennung einer einzelnen Genrevorlage bereits schwieriger, da hier – und auch dies spiegelt wiederum die Genregeschichte des Computerspiels wider – vermehrt Hybridisierungen auftreten. So zeigen sich die letzten beiden Phasen (Zivilisations- und Weltraumphase) vor allem von Strategieklassikern wie *Civilization* und *Sid Meier's Alpha Centauri* inspiriert, allerdings kombiniert mit den Echtzeitstrategie- und Action-Elementen der vorangegangenen Phasen.

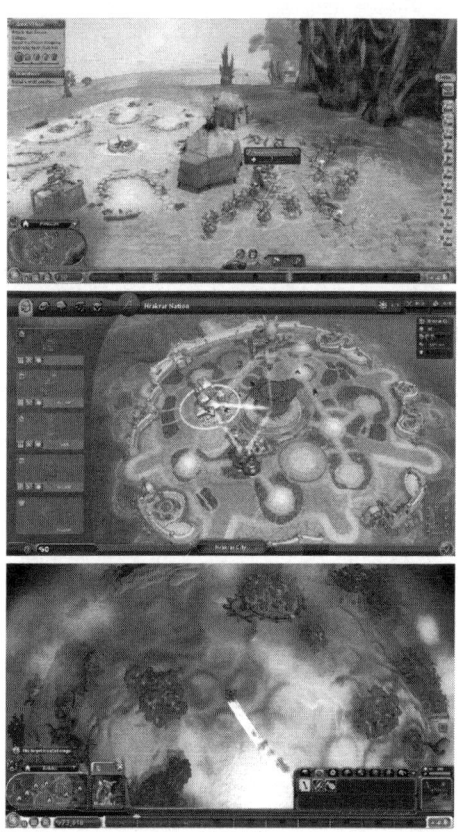

Abb. 4 *Spore*

Alle fünf Phasen repräsentieren die grundlegenden Spielmechaniken ihrer berühmten Genrevorbilder, allerdings ohne in die Tiefe zu gehen. *Spore* wird deshalb auch als ein *Gateway-Game* bezeichnet, d.h., es bietet für unerfahrene Spieler eine Möglichkeit, Genres ohne lange Einarbeitungszeit sozusagen ›anzutesten‹. Dieser Umstand macht das Spiel einerseits zu einem dankbaren Untersuchungsobjekt für genretheoretische Analysen, da die einzelnen Spielphasen ihre Vorbilder insbesondere auch im Hinblick auf Steuerungs- und Darstellungskonventionen, die sich mit jeder Phase ändern, oft besonders pointiert widerspiegeln. Andererseits werden durch diese Strategie einer ›Emulation‹ (vgl. Glossar) von Genreprototypen aber viele prägnante Evolutionen und Innovationen gerade der zeitgenössischen Genregeschichte(n) getilgt. So kann etwa die Stammesphase in *Spore* nur sehr unzureichend den Reiz moderner Echtzeit-Strategiespiele wie *Warcraft III* oder *Starcraft II* vermitteln, da sie sowohl hinsichtlich der Spielmechanik wie auch der narrativ-stilistischen Inszenierung lediglich den Prototypen des Genres *Dune II* re-interpretiert. Trotz der aufwendigen Verknüpfung der fünf Spielphasen, die *Spore* vor allem über die (zumindest visuell) fortlaufende Entwicklung der selbstgestalteten Kreaturen gewährleistet, ist die Unterteilung des Spiels in fünf einzelne Spiele – fünf einzelne Genres – recht offensichtlich. Die These einer tatsächlichen Hybridbildung aus verschiedenen Genres mag deshalb unzureichend sein. Allerdings fällt auf, dass auch andere Titel, die dafür bekannt sind, Genres zu vermischen, im Grunde lediglich eine – wenn auch sehr geschickt inszenierte – Hintereinanderschaltung verschiedener Genres vollziehen. So verschmilzt *Grand Theft Auto IV* im Wesentlichen ›nur‹ die Spielmechaniken eines Third-Person-Shooters und eines Rennspiels. Alle anderen der zahlreichen (Neben-)Aktivitäten, die das Spiel bietet (von Bowling-, Billard- und Dartsimulationen bis hin zu 3D-Tetris), bilden eher eine Art Sammlung von Minigames neben dem Hauptspiel. Dass die *Grand-Theft-Auto*-Serie dennoch als Prototyp des Sandbox-Genres gerade für eine solche Genrevielfalt bekannt ist, liegt vor allem an der gelungenen Integration dieser Minigames in die Simulation einer

›lebendigen‹ Stadt, die als Spielkulisse dient (vgl. Frasca 2003a; vgl. hierzu auch Kap. 3).

Fallbeispiel: Borderlands

Der Hybridcharakter von *Borderlands* beginnt bereits auf der narrativ-stilistischen Ebene, die ein Endzeitszenario (inspiriert durch die *Mad-Max*-Filme) mit Cyberpunk-Einflüssen vermischt und das Ganze in einer Comicästhetik präsentiert. Darstellung und Spielmechanik erinnern zunächst an einen zeitgenössischen First-Person-Shooter, allerdings zeigt sich bereits nach kurzer Zeit die große Bedeutung von RPG-Spielmechaniken. So sind Sammeln und Konfigurieren von neuer Ausrüstung sowie eine fortwährende Optimierung der Charakterwerte der Spielfigur – also konfigurationskritische Elemente – ebenso entscheidend wie das zeitkritische Shooter-Gameplay.

Abb. 5 *Borderlands*

Die Hybridisierung setzt sich dabei auch in der visuellen Stilistik des Spiels fort. So ist die Shooter-Ansicht durchsetzt mit RPG-typischen Elementen – das Interface zeigt den Level (vgl. Glossar) der Spielfigur an; Trefferpunkte, die aus verwundeten Gegnern ›herausfließen‹, ersetzen Blutanimationen; Menüeinblendungen informieren detailliert über die Eigenschaftswerte des Waffenarsenals. Im Gegensatz zu *Spore* vollzieht *Borderlands* damit eine wesentlich konkretere Form der Genrehybridisierung, nicht nur weil die beiden Hauptgenres First-Person-Shooter und RPG hier sozusagen ›simultan‹ ablaufen, sondern vor allem auch, weil sich beide Spielmechaniken unmittelbar gegenseitig beeinflussen. Eine schlecht ausgerüstete/konfigurierte Spielfigur erhöht den Schwierigkeitsgrad des Shooter-Gameplays, oder andersrum formuliert: Eine gute Reaktionsgeschwindigkeit kann schlechte RPG-Charakterwerte (teilweise) ausgleichen. Entscheidend ist dabei eine Spielbalance, die keine vollständige Dominanz der RPG- oder der Shooter-Elemente zulässt, d.h., der Schwierigkeitsgrad des Shooter-Gameplays kann zwar reduziert werden, ein bestimmtes Maß an Reaktionsgeschwindigkeit ist aber selbst bei einer optimal konfigurierten Spielfigur zur erfolgreichen Bewältigung des Spiels notwendig – Gleiches gilt für ein Mindestmaß an RPG-Konfigurationen bei/trotz guter Reaktionsgeschwindigkeit des Spielers. Eine solche Analyse der Hierarchisierung der einzelnen im Spiel vermischten Genreelemente stellt sich somit als ein zentrales Kriterium bei der Beurteilung von Genrehybriden dar.

Zahlreiche weitere Beispiele für Genrehybride ließen sich an dieser Stelle ergänzen. Allein im Bereich der Shooter/RPG-Hybride finden sich diverse aktuelle Titel[7], die die einzelnen genretypischen Spielmechaniken ganz unterschiedlich verbinden und hierarchisieren. Ebenso könnte man ältere Vorläufer benennen wie die *Deus-Ex*- oder noch früher die *System-Shock*-Reihe (vgl. hierzu Klevjer 2009).

Welche Form, welcher Fokus und welcher Materialkorpus für eine Genreanalyse jeweils geeignet ist, bleibt eine Frage des Untersuchungskontextes. Genretheoretische Überlegungen bewegen sich auf einer abstrakten wie auf einer materialnahen Ebene. Beide Strategien zeigen dabei immer wieder anschaulich den komplexen Hybridcharakter von Computerspielen, der sich nicht nur in der Detailstruktur einzelner Facetten des Spiels wiederfindet, sondern, sozusagen auf der Makroebene, den gesamten Diskurs durchzieht. Eine Genrekategorisierung kann somit eine erste – wichtige wie in vielen Fällen noch recht unspezifische – Systematisierung für weitere Analysen darstellen, gleichzeitig kann sie aber auch den Abschluss bilden, um die jeweiligen Ergebnisse diskursiv zu verorten.

2. Steuerung als Analysegegenstand

von Timo Schemer-Reinhard

Über alle disziplinären Grenzen hinweg besteht in der theoretischen Beschäftigung mit Computerspielen Einigkeit in (wenigstens) einem Punkt: Der Modus Operandi besteht im Spielen. Ein Computerspiel zu spielen bedeutet, in Bezug auf ein Spiel zu handeln und dieses Handeln beständig (mal mehr und mal weniger zeitkritisch) mit den im Spiel auftauchenden Effekten eben dieses Handelns neu abzugleichen. Technisch gesehen handelt es sich beim »Prozess Computerspiel« also zunächst um einen klassischen kybernetischen Regelkreis, um eine systematische Koppelung von Mensch und Maschine. Tatsächlich dient dieses Modell des kybernetischen Regelkreises auch vielen Arbeiten zum Computerspiel (mal implizit, mal explizit) als Grundlage (z.B. Pias 2002; Crawford 2003: 262; Heaton 2006; vgl. auch Kap. 3 und 6).[8]

Paradoxerweise läuft diese Modellierung, obwohl sie sachlich zutreffend ist, der Erfahrung eines Spielers üblicherweise zuwider: Ein Spieler steuert keine Maschine, er spielt oft nicht einmal ›mit einem Spiel‹, sondern er spielt einfach nur. Der Eindruck, es mit einer Maschine zu tun zu haben, kommt besonders deutlich vor allem dann auf, wenn ernsthafte Fehler das Spielerleben irritieren (vgl. Kap. 6). Dieses Phänomen ist allerdings kein exklusives Spezifikum von Computerspielen. Im Wesentlichen lassen sich zwei große Bereiche beschreiben, in denen ein systematisches Ausblenden der technisch-materialen Gebundenheit von Handlungen zur inhärenten Logik der jeweiligen

Anwendungsformen gehört. Dies sind zum einen prinzipiell alle *Werkzeuge* und zum anderen *Medien*.

In Bezug auf Werkzeuge hat Martin Heidegger das Phänomen prägnant mit der Unterscheidung von Vor- und Zuhandenheit auf den Begriff gebracht. Gegenstände begegnen uns zunächst nicht objektiv-neutral (als »vorhanden«), sondern eingebettet in Funktionszusammenhänge, in potenzielle Dienlichkeit (als »zuhanden«). In der Zuhandenheit wird die Funktion gegenüber dem Gegenstand an sich dominant, der Gegenstand selbst verschwindet zugunsten seiner funktionalen Dienlichkeit aus dem Bewusstsein: »Das Eigentümliche des zunächst Zuhandenen ist es, in seiner Zuhandenheit sich gleichsam zurückzuziehen [...].« (Heidegger 1969: 69) Erst wenn die Dienlichkeit durch Widerstände irritiert wird, kommt der Gegenstand als solcher ins Bewusstsein: »Die Modi der Auffälligkeit, Aufdringlichkeit und Aufsässigkeit haben die Funktion, am Zuhandenen den Charakter der Vorhandenheit zum Vorschein zu bringen.« (Ebd.: 74; vgl. auch Kap. 6) Was Heidegger noch gerne am handgreiflichen Hammer exemplifiziert hat, trifft in noch stärkerem Maße auf das modernste Werkzeug, den Computer, zu. Die ›universelle Maschine‹ ist ein Werkzeug, welches Werkzeuge zur Verfügung stellt. Die Bedienoberfläche eines Computers gerät damit zum Werkzeug zur Steuerung von Werkzeugen. Ein Interface ist insofern ein Spezialfall des Werkzeugs: ein Werkzeug zweiter Ordnung. Dass die Bedienung eines Computers – also eines äußerst komplexen ›Werkzeugsystems‹ – dennoch relativ einfach gelingen kann, verdankt sich genau dem Umstand, dass im Modus der Zuhandenheit eine Konzentration des Nutzers auf die Funktion an sich stattfindet und alle zwischengeschalteten Momente ausgeblendet werden.

Zwar lassen sich technische Medien durchaus auch als Werkzeuge fassen (und in diesem Sinne sind auch die beschriebenen

Mechanismen hier wirksam), allerdings zeigt sich bei Medien noch eine spezifisch eigene Logik des Verschwindens: Medien verschwinden in der Wahrnehmung zugunsten des vermittelten Inhalts. Der Werkzeugcharakter eines Fernsehers zeigt sich vor allem dann ungebrochen, wenn er noch ausgeschaltet im Zimmer steht. Er ist dann ein Gerät, ›um fernzusehen‹, diese Funktion ist aber inhaltlich unspezifisch. Ist der Fernseher in Betrieb, treten solche Zuschreibungen hinter der unmittelbaren Evidenz der durch ihn gezeigten Inhalte zurück – der Fernseher funktioniert als Medium. Sybille Krämer macht dieses Phänomen zum Ausgangspunkt einer Unterscheidung zwischen Werkzeugen und Medien und zeigt auf, dass Medien qua ihrer Darstellungsfunktion etwas leisten, was ohne Medien schlicht nicht möglich wäre. Das Werkzeug Hammer unterstützt uns darin, einen Nagel in die Wand zu treiben, aber Nägel existieren durchaus ohne Hämmer: »[...] ein Instrument wird gebraucht und zurückgelassen, es bleibt der zu bearbeitenden Sache durchaus äußerlich.« (Krämer 1998: 83) Ein Medium hingegen *erzeugt* im Zuge seiner Funktion Sachverhalte, die unabhängig vom Medium nicht existieren. Der Sachverhalt »Tatort« ist als Wahrnehmungsgegenstand nur im und durch einen Fernseher existent – und er macht diesen Fernseher dabei zugleich gewissermaßen unsichtbar (vgl. ebd.: 74). Im Unterschied zu verbreiteten medienwissenschaftlichen oder technikphilosophischen Ansätzen, in denen Technik – z.B. als Extensionen des Körpers (McLuhan 1994) – sowohl »klassische« Werkzeuge als auch technische Medien (Krämer nennt sie in Unterscheidung von Werkzeugen »Apparate«) umfasst, differenziert Krämer also innerhalb der Sphäre der Technik dezidiert zwei Funktionstypen: »Die Technik als Werkzeug erspart Arbeit; die Technik als Apparat aber bringt künstliche Welten hervor, sie eröffnet Erfahrungen und ermöglicht Verfahren, die es ohne Apparaturen nicht etwa abgeschwächt, sondern überhaupt nicht gibt.« (Krämer 1998: 85) Dabei schließen sich beide Funktionstypen – werkzeughaft und medial – nicht etwa aus: »Vielmehr spielen beide Perspektiven – und zwar bei jedem technischen Artefakt – zusammen, allerdings mit je unterschiedlichem Gewicht.« (Krämer 1998: 85) Während Krämer das anhand des Computers an sich, welcher sowohl als Werkzeug als auch als Medium benutzt werden kann, exemplifiziert, lässt sich zeigen, dass dieselben Zusammenhänge auch *innerhalb* jeweils spezifischer Computeranwendungen – und ganz besonders deutlich sogar beim Computerspiel – zutreffen. Im Computerspiel sind nämlich alle hier beschriebenen Mechanismen gleichermaßen wirksam. Es ist Werkzeug, insofern es sich als technisch-materiales Artefakt im Hinblick auf eine spezifische »Dienlichkeit« anbietet; es ist dazu da, »um zu« spielen. Es bedarf darüber hinaus in seiner Nutzung zusätzlicher (weil durchaus unabhängig beschreibbarer und oft auch universell einsetzbarer) Werkzeuge, um es zu bedienen; ein Spiel zu bedienen bedeutet in erster Instanz eigentlich, ein Interface zu bedienen. Darüber hinaus machen Computerspiele massiven Gebrauch von inszenatorischen Funktionen, welche eigentlich die Kernkompetenzen von Medien darstellen: Sie erzeugen Texte, Klänge, Bilder. Diese Texte, Klänge und Bilder fungieren zudem zumindest teilweise auch als (Feedback-)Moment des Interfaces.

Das verweist darauf, dass Interfaces allerdings eine Art blinden Fleck in Krämers Modell darstellen. Viele (möglicherweise manchmal sogar alle) derjenigen Momente, welche technischen Artefakten graduell medialen Charakter verleihen, sind nämlich bei genauem Hinsehen als Momente *der Interfaces* dieser Artefakte identifizierbar. Ein Interface ist aber ein Werkzeug an sich, denn es ist dazu da, etwas anderes zu steuern – »es bleibt der zu bearbeitenden Sache durchaus äußerlich« (Krämer 1998: 83). Dass diese »Äußerlichkeit« im Zuge der Benutzung dem Nutzer üblicherweise nicht bewusst wird, verdankt sich seiner »Zuhandenheit«. Aufgrund der Wirksamkeit solcher Zuhandenheit kann es (wie bei Krämer geschehen) in einem pragmatischen Sinne durchaus angemessen sein, ein technisches Artefakt samt seinem Interface als Entität zu betrachten. Zur Analyse von Interfaces hingegen ist es unerlässlich, diese getrennt von den durch sie gesteuerten Anwendungen zu untersuchen. Interfaces tendieren damit aus zwei unterschiedlichen Gründen dazu, aus der Wahrnehmung zu verschwinden. Zum einen führt ihr Werkzeugcharakter dazu, dass sie hinter ihrer *Funktion* zurücktreten. Zum anderen weisen sie potenziell mediale Aspekte auf, wodurch sie hinter den damit verbundenen *Inhalten* zurücktreten. Beide Mechanismen lassen graduelle Abstufungen zu. Die Qualitäten des Verschwindens sind dabei jeweils unterschiedlich: Werkzeug wird *als Werkzeug* in seiner potenziellen Dienlichkeit zunächst durchaus wahrgenommen; erst im Akt der tatsächlichen Benutzung wird es als Artefakt sekundär. Medien hingegen *sind* Medien erst, wenn sie Inhalte erzeugen (sonst sind sie Werkzeuge); damit neigen Medien immer und unmittelbar dazu, hinter ihren Inhalten zu verschwinden.

Eine Analyse von Interfaces richtet also den Blick auf Momente des Computerspiels, welche im Akt der Benutzung tendenziell ausgeblendet sind, die aber zugleich den pragmatischen Kern dessen, was das Computerspiel ausmacht – das Spielen als Handlung –, wesentlich moderieren.

In diesem Kapitel werden zunächst die konkreten Mittel, die Computerspiele den Spielern zur Interaktion zur Verfügung stellen, behandelt. Anschließend werden diese Mittel und ihre Relationen im ›Gesamtgefüge Computerspiel-Interface‹ auf ihre inhärenten Logiken hin untersucht. Auf diesem Wege werden grundlegende Prinzipien der Mensch-Maschine-Interaktion entwickelt und auf den ›Spezialfall Computerspiel‹ angewendet. Damit kann gezeigt werden, inwiefern die Ausgestaltung des Interfaces Strategien des Computerspiels zur Fiktionalisierung, Narrativierung etc. beeinflusst. Zuletzt werden Interdependenzen zwischen den Formen der Computerspielsteuerung und anderen kulturellen Bezügen dargestellt, indem ausgehend von den Computerspielspezifischen Interaktionsformen Formmigrationen zwischen Computerspielen, Medien, Gebrauchstechnik etc. aufgezeigt und als analytischer Gegenstand entwickelt werden.

2.1 Hardware Interface

Computerspiel-Interfaces bestehen notwendig aus zwei Elementen: einer Eingabe- und einer Ausgabeeinheit. Die gewöhnliche Konstellation besteht in der Kombination von Controller als Eingabe- und Screen als Ausgabeeinheit. Der Begriff »Controller« ist allerdings geeignet, darüber hinwegzutäuschen, dass hiermit bereits eine Unzahl unterschiedlichster Konstruktionen zusammengefasst wird. Hilfreich ist der Begriff deswegen eher zur Abgrenzung zu allen anderen Formen der Spielsteuerung. »Gamecontroller« bezeichnet in diesem Sinne alle Steuerungsgeräte, die speziell für die Steuerung von Spielen entwickelt und eingesetzt werden wie Gamepads, Joysticks, Lightguns (vgl. Glossar) usw. Alternativ zum Controller können prinzipiell alle herkömmlichen Eingabeeinheiten, die an Computern Verwendung finden, ebenfalls zur Spielsteuerung verwendet werden. Das sind zunächst z.B. Tastatur und Maus, aber je nach Gerät auch alle anderen sensorischen Komponenten, die zur Verfügung stehen (z.B. Touchpads, Beschleunigungssensoren, Lagesensoren und viele weitere).

Obwohl der Gamecontroller also nur eines von mehreren Elementen des Interfaces darstellt und obwohl er zudem noch nicht einmal bei allen Computerspielen zum Einsatz kommt, ist er dennoch zum prägnantesten technischen Element des Computerspiels insgesamt avanciert, denn der Controller ist das einzige *device*, welches keinem anderen Zweck als dem Computerspielen dient. Verbesserungen auf dem Gebiet der Sensortechnik haben in jüngerer Zeit dazu geführt, dass die Erfassung von Spielerbewegungen im Raum effizient zur Steuerung eingesetzt werden kann (Kinect, Wiimote, PlayStation Move, EyeToy; ein früher – und wenig effizienter – Vorläufer war z.B. 1989 der Datenhandschuh »Power Glove« für die Nintendo-Konsole NES). Obwohl solche Entwicklungen auf den ersten Blick dahin zu führen scheinen, dass der Controller dann tendenziell ›verschwindet‹ – und Konsolenhersteller solche Ideen auch mit markigen Slogans (»Der Controller bist Du!«) unterstützen –, wird noch zu zeigen sein, dass diese alternativen Formen der Steuerung doch systematisch limitiert sind. Allerdings eröffnen sich mit solchen – gewissermaßen immateriellen – Controllern Möglichkeiten der verstärkten physischen Forderung des Spielers. Zudem ›dehnen‹ solche Konstruktionen den ›Spielraum‹ auf den Bewegungs-Nahraum des Spielers aus. Im Sinne einer Minimaldefinition von Zeichen als »etwas, das für etwas anderes steht« bekommen damit Körper des Spielers und Raum vor dem Bildschirm an sich tendenziell Zeichencharakter (vgl. auch Krämer 2000: 193 f.). Wenn beispielsweise ein Spieler beim Tennis in *Wii Sports* den Wiimote-Controller an eine bestimmte Stelle bewegt, dann ergibt diese Handlung nur »Sinn« auf Basis der Konvention, dass der mit dem Controller durchmessene reale Raum für den entsprechenden virtuellen Raum im Umfeld des Avatars (vgl. Glossar) steht. Zeitgleich mit der Verbreitung von Wii kamen auf Youtube unterhaltsame Filme auf, die Wii-Spieler beim Spiel zeigten, ohne dass das virtuelle Spielgeschehen dabei zu sehen war. Ohne diesen Bezug wirken diese – zudem auch noch mit einer gewissen

Emphase und ausladend ausgeführten – Bewegungen im wahrsten Sinne des Wortes »sinnlos«. Die daraus resultierende Komik dieser Filme ist umgekehrt ein Beleg für die Zeichenhaftigkeit der Bewegungshandlungen der Spieler. Aufnahmen mit einer anderen Perspektive, welche die Spielerhandlungen zusammen mit dem »passenden« Spielgeschehen auf dem Bildschirm zeigen, entbehren dieser Komik. Ähnliche Entwicklungsrichtungen ergeben sich im Bereich der Casual Games (vgl. Glossar), insbesondere in Bezug auf Smartphones als Plattformen, weil diese über GPS-Sensoren und ähnliche Ortungstechniken verfügen, wodurch Spiele möglich werden, deren Steuerung maßgeblich auf der Ortung der Spieler im realen (öffentlichen) Raum beruht. So wird z.B. in *Mister X Mobile* das bekannte Brettspiel »Scotland Yard« adaptiert, indem ein Areal im öffentlichen Raum zum Spielfeld gemacht wird, in welchem ein Spieler von den anderen Mitspielern gejagt wird. Das Display des Smartphones zeigt die eigene Position und die der Mitspieler auf einer Karte an, wodurch realer und virtueller Raum signifikant miteinander verkoppelt werden. Des Weiteren führt der fast standardmäßige Einsatz von Touchpads und Lagesensoren bei Smartphones sowie bei Tablet-Computern zwangsläufig zu einem vermehrten Einsatz dieser Techniken auch bei Computerspielen.

Neben tendenziell universellen Gamecontrollern werden immer wieder auch hochspezialisierte *devices* entwickelt, welche jeweils (nur) spezifische Techniken oder Tätigkeitstypen adressieren. So existiert z.B. eine lange Geschichte der Imitation von Musikinstrumenten. Schon lange vor *Guitar Hero* gab es diverse interface-technische Imitationen von Musikinstrumenten. Das Spektrum reicht von Gitarren (1999: *Guitar Freaks*) über Schlaginstrumente (1999: *DrumMania*; 2004: *Donkey Konga*) und Tasteninstrumente (2000: *Keybordmania*) bis hin zu Kuriositäten wie Plattentellern zum Scratchen (1998: *Beatmania*; 2009: *DJ Hero*), einer brasilianischen Interface-Rassel (2000: *Samba de Amigo Maracas*) oder einem Dirigenten-Taktstock für die Playstation (2000: *Maestromusic*). Thematisch verwandt sind drucksensitive Flächen bzw. Matten, die neben Sportspielen (1986: *Athletic World*; 2008: *Active Life: Outdoor Challenge*) vor allem Tanzspiele (1987: *Dance Aerobics*; 1999: *Dance Dance Revolution*) ermöglichen. Die Reihe dieser Spezialcontroller lässt sich beliebig fortsetzen: Zur virtuellen Fahrzeugsteuerung werden Lenkrad-Controller – oft in Kombination mit Pedaleinheiten – eingesetzt, originalen Flugzeugsteuerungssystemen nachempfundene Flightsticks erhöhen die Authentizität von Flugsimulationen, und sogar Eisenbahn-Controller mit Metallknauf zur Temporegelung und authentischem Holzgriff als Bremshebel finden im Verbund mit Lok-Simulationen ihre Liebhaber (Abb. 6). Aufgrund ihrer Spezialisiertheit sind solche Controller oft nur für ein einziges Spiel oder bestenfalls eine Spielfamilie entwickelt worden und dann auch nur damit benutzbar; sie werden häufig direkt im Bundle mit diesen Spielen vertrieben.

Abb. 6 Lok-Controller zu *Densha de Go!*

Einen allgemeinen Überblick über die Entwicklungsgeschichte der Eingabegeräte für Computerspiele liefert Hannes Witzmann

(2007), wobei aber auch hier eine Konzentration auf spezialisierte Gamecontroller stattfindet. Versuche der Kategorisierung oder Typologisierung von Gamecontrollern sind meistens entwicklungsgeschichtlich motiviert (Forster/Freundorfer 2004; Cummings 2007). Witzmann (2007) führt dabei die Technikgeschichte des Gamecontrollers mit der Entwicklung der gestenbasierten Steuerung eng. »Sock Master's Console Controller Family Tree« versucht eine Genealogie von Konsolen-Controllern (bis zum Jahr 2004), welche sich an steuerungslogischen Entwicklungslinien orientiert (Abb. 7). Grundsätzlich sind Versuche, die Geschichte des Computerspiels bzw. der Computerspielsteuerung mit der Geschichte des Gamecontrollers engzuführen, nur von begrenzter Reichweite, denn es wird hierbei nur ein hochspezialisierter Bereich eines sehr viel größeren Feldes erfasst.

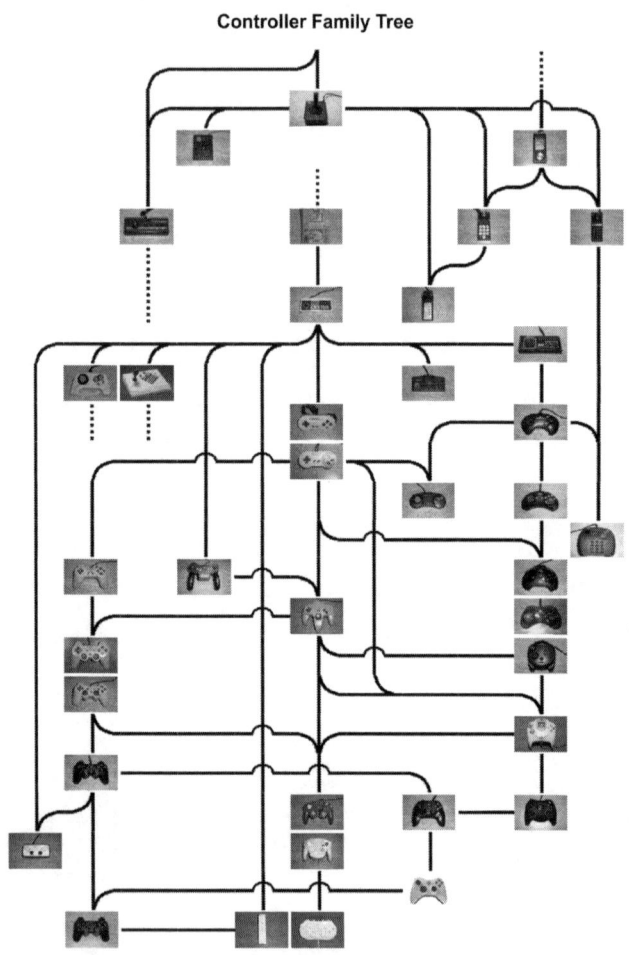

Abb. 7 Sock Master's Console Controller Family Tree

Die Ausgabe wird üblicherweise vom Screen dominiert[9] und durch Sound supplementiert. Potenziell fungiert auch der Controller nicht nur als Eingabe-, sondern auch als Ausgabeeinheit, indem z.B. über leuchtende Buttons, Vibration u.ä. zusätzliches Feedback an den Spieler vermittelt wird. Darüber hinaus sind prinzipiell weitere Modi denkbar, die aber nur selten (und wenn, dann eher in experimentellen Zusammenhängen)[10] umgesetzt werden. Mit dem Aufkommen von wenigstens bedingt alltagstauglichen 3D-Bildschirmen eröffnet sich auch diese Technologie als Ausgabegerät.

Der Gamecontroller und der Screen sind damit die sinnfälligsten ›äußeren‹ (konkreten) Merkmale von Computerspielen, allerdings stellt gerade diese Konkretheit auch ein potenzielles Hindernis für die Analyse der abstrakten inneren Logik der durch sie realisierten Steuerungsformen dar. Im Gegensatz zu den frühen Controllern, bei denen Konstruktion und dadurch ermöglichte Steuerungsformen noch relativ eng gekoppelt waren, sind bei modernen Computerspielen die Formen der Steuerung im Allgemeinen sehr viel unabhängiger von spezifischen *devices*. Aus diesem Grunde muss eine Analyse von Computerspiel-Interfaces von den konkreten Controllern und Eingabegeräten weitgehend absehen und vielmehr die logische Struktur der Steuerungen in den Blick nehmen.

2.2 Logiken der Steuerung

Der Erfolg des Computers wird gerne mit seinem Wesen als ›universale Maschine‹ erklärt. Aus interfacetheoretischer Sicht kann aber eine ›universale Maschine‹ nur erfolgreich im Sinne von hoher Nutzerakzeptanz sein, wenn auch universale Steuerungslogiken zur Anwendung kommen. In rein technischer Hinsicht ist jeder Computer mehr oder weniger gleich. In pragmatischer Hinsicht aber ist ein Computer, auf dem Linux läuft, ein anderer als einer, auf dem Windows läuft, denn Betriebssysteme sind nichts anderes als Rahmen für vereinheitlichte Nutzungsformen. In diesem Sinne sind auch Spielkonsolen Betriebssysteme, insofern sie solche feste Rahmen (und sogar ›handfeste‹ Controller) vorgeben.[11] Während es im Rahmen der so vorgegebenen Interaktionsstandards bei herkömmlichen Computeranwendungen in vielen Fällen sinnvoll sein kann, Interaktionsangebote so zu gestalten, dass ihr Werkzeugcharakter inszeniert wird (eben weil es sich um »Werkzeuge« handelt), arbeiten Computerspiele zumindest in Bezug auf die Inszenierung diegetischer Momente (vgl. Glossar) mit allen (und das sind vor allem mediale) Mitteln daran, den instrumentellen Charakter der Technik möglichst vollständig zu verschleiern. Üblicherweise verfügen Computerspiele allerdings zusätzlich auch über extradiegetische Momente, deren Steuerung durchaus sinnvoll ›werkzeughaft‹ inszeniert werden kann. Darum kann die Steuerung von Computerspielen zunächst grundsätzlich in zwei Ebenen differenziert werden. Es lässt sich unterscheiden zwischen der extradiegetischen Ebene (A), welche der Bedienung des Spiels als Anwendung dient, und der intradiegetischen Ebene (B), innerhalb deren die Steuerung des Spiels im eigentlichen Akt des Spielens stattfindet.

Auf Ebene A ist das Spiel für den Spieler als Entität im Sinne eines geschlossenen Regelwerks erkennbar, dessen Parameter objektiv beobachtet und ggf. verändert werden können. Die Existenz dieser Ebene ist zum einen ein Effekt des Umstandes, »daß Computerspiele, anders als realweltliche [...][S]piele, eben Modelle zur Grundlage haben, die parametrierbar sind« (Pias 2002: 15). Zum anderen verdankt sie sich auch schlicht der großen Komplexität moderner Computerspiele. Im Prinzip ist sie nicht unbedingt notwendig: Es sind Spiele denkbar, die einfach gestartet werden und dann so lange laufen, bis das Spiel zu Ende ist. Es gibt keine Anzeige von Punkteständen, Lebensenergien o.ä., und der Spieler hat keinen Einfluss auf Schwierigkeitsgrade, Realitätsnähe oder Ausprägung der Spielphysik etc. Würde das Spiel dann einfach beendet und ein Neustart fände auf der Plattformebene statt, dann handelte es sich um ein Spiel ohne jede ›verwaltungstechnische‹ Steuerungsebene. Bereits die Funktionalität, am Ende des Spiels – aber noch innerhalb der Anwendung – eine Wahl zwischen Neustart oder Spielende anzubieten (oder auch z.B. eine Pause-Funktion), würde allerdings eine einfachste Form von Ebene A etablieren. Ebene B ist dadurch gekennzeichnet, dass die auf Ebene A objektiv beobachtbaren und ggf. konfigurierbaren Parameter als Regeln einer Spielmechanik wirksam sind. Während auf Ebene A die Parameter Objektcharakter haben, geraten sie auf Ebene B im Akt des Spielens zu Bedingungen des Handelns. Bereits die zweite Generation des legendären *Tennis for Two* im Jahr 1959 bot in diesem Sinne neben dem Spiel an sich auch schon eine klassische Optionsebene, »bei der nicht nur die Schlagstärke, sondern auch die Gravitationskonstante manipuliert werden konnte« (Pias 2002: 14), so dass »Tennis unter den Bedingungen von Mond oder Jupiter möglich war« (ebd.).

So schlüssig diese Differenzierung des Computerspiels in eine intra- und eine extradiegetische Ebene auf den ersten Blick erscheinen mag, als so schwierig erweist sie sich allerdings an so manchem konkreten Gegenstand. De facto verfügen elaborierte Computerspiele über viele Elemente, die sich einer klaren Zuordnung im gerade entwickelten Sinne widersetzen. So informiert z.B. die klassische Inszenierung eines Head-up-Displays (HUD) den Spieler über Umgebungsvariablen, sie erfüllt also entsprechend den eben entwickelten Kriterien eine extradiegetische Funktion. Allerdings deutet bereits die für solche Inszenierungsformen allgemein durchgesetzte Bezeichnung Head-Up-Display an, dass es sich hierbei um den Import einer bereits in außerspielerischen Bezügen etablierten Interaktionsform (genauer: einer Form für Feedback) handelt. In diesen außerspielerischen Bezügen dienen HUDs der informationstechnischen visuellen Anreicherung der Umgebungswahrnehmung des Trägers. Eine Inszenierung einer Spielwelt in dieser Weise eröffnet dadurch den naheliegenden Interpretationsrahmen eines Point of View (POV) durch eben solch ein HUD. In diesem Sinne ›wahrgenommen‹ wären die qua HUD visualisierten Informationen durchaus intradiegetisch. Tatsächlich arbeiten auch viele Spiele mit First-Person-Shooter-Perspektive (vgl. Glossar) so, und es kommt (zumindest auf den ersten Blick) zu keinem Ebenenkonflikt. Sobald es sich aber um ein Spiel handelt, welches beispielsweise avatarbasiert arbeitet, entsteht ein Widerspruch. Selbst ein First-Person-Shooter mit eingeblendetem HUD gerät schnell in Widersprüche, sobald das HUD nämlich über Parameter informiert, die keine Aspekte der diegetischen Welt, sondern extradiegetischen Charakters sind (z.B. ist ein typischerweise eingeblendeter Punktestand kein Element der Diegese).

Die Differenzierung dieser beiden Ebenen ist also offensichtlich alles andere als ›hart‹ und damit eine nicht gerade triviale interpretatorische Leistung. Das ist eigentlich verblüffend, denn der herkömmliche Rahmen für diesbezügliche interpretative Entscheidungen besteht in der doch recht einfachen Frage, ob ein bestimmtes Element Teil der innerhalb eines Medienangebotes entworfenen fiktionalen ›Welt‹ ist – was üblicherweise recht eindeutig zu beantworten ist. Hier sind sie allerdings in den Blick geraten, weil sie sich steuerungslogisch unterscheiden, insofern auf der intradiegetischen Ebene Interaktionsformen zum Einsatz kommen, die den instrumentellen Charakter der Interaktion möglichst verschleiern, während auf der extradiegetischen Ebene eine Inszenierung mit eher werkzeughaftem Charakter der Steuerung sachdienlich ist. Das bedeutet, dass es zwei kategorial unterschiedliche Momente gibt, die Einfluss darauf nehmen, ob ein bestimmtes Element intra- oder extradiegetisch ›funktioniert‹: zum einen die inhaltliche Verortung im narrativ-fiktionalen Gefüge des Spiels und zum anderen die Weise der Steuerung des Elements. Zusätzlich deutet sich an, dass hierdurch im Computerspiel die Unterscheidung extra- oder intradiegetisch, anders als in den tradierten Medien, aus denen die Unterscheidung stammt, nicht unbedingt zweistellig ist, sondern vielmehr die zwei Pole eines Kontinuums bildet, in vielen Fällen hat man es gewissermaßen mit milden Formen von Metalepsen zu tun. Um nun zu klären, wie es funktioniert, qua Interaktionsform einer Steuerungssituation ›werkzeughaften Charakter‹ zu verleihen oder zu nehmen, bedarf es eines tieferen Verständnisses der grundlegenden Prinzipien. Diese Prinzipien sind zunächst aus den Grundlagen von Mensch-Maschine-Interaktion im Allgemeinen herzuleiten, denn Computerspielen bedeutet in erster Instanz nichts anderes als Interaktion mit Technik; anschließend kann auf die Besonderheiten der Steuerung von Computerspielen im Speziellen eingegangen werden.

Je nach Perspektive handelt es sich bei dieser Technik ›Computerspiel‹ um ein Gerät oder um eine Software, aber in jedem Fall kann das Geschehen als kybernetischer Regelkreis beschrieben werden, welcher Mensch und Technik miteinander koppelt. In diesem Regelkreis führt der Mensch eine *Handlung* aus, um eine bestimmte Aktion der Maschine auszulösen, und er reagiert in Reaktion auf die tatsächlich von der Maschine ausgelöste *Aktion* ggf. regulativ, um ›nachzubessern‹. Häufig ist im Zusammenhang mit Mensch-Computer-Interaktion und Computerspielsteuerung anstelle von »Handlung« der Begriff

»Geste« anzutreffen (Neitzel 2004; Witzmann 2007; Hellige 2008). »Geste« bzw. »gestenbasierte Steuerung« umfasst aber nur einen (wenn auch bedeutenden) Teilbereich des zur Steuerung einsetzbaren menschlichen Handlungsrepertoirs. So ist beispielsweise Sprachsteuerung sicher nicht gestenbasiert, kommt aber durchaus in Computerspielen zum Einsatz (z.B. *Tom Clancy's EndWar*). Der Begriff der Handlung impliziert alle solche Unterklassen. Allerdings führt die Differenzierung in »Handlung« und »Aktion« implizit ein Gefälle an Handlungsmächtigkeit ein, denn Handlung ist begriffsgeschichtlich eine Sache des autonomen Subjekts. Vor allem im Rahmen der *actor-network theory* haben sich theoretische Ansätze etabliert, welche solche (durchaus ideologisch aufgeladenen) Unterscheidungen zu überwinden trachten (vgl. Belliger/Krieger 2006). Tatsächlich kann man die Interaktion zwischen Spieler und Spiel insgesamt auch so beschreiben. Auf diese Weise können dann ebenso (a) Spielgeschehen als Folge von Spielerhandlungen wie (b) Spielerhandlungen als Reaktionen auf Spielgeschehen beschrieben werden, also z.B. (a) das »Sterben« eines virtuellen Monsters als Folge seiner »Tötung« durch den Spieler oder (b) die »Tötung« des Monsters durch den Spieler als Konsequenz des »Monsterangriffs«. Nimmt man allerdings – und das ist Ziel dieses Kapitels – das Interface und seine Logik an sich in den Blick, dann spielen wesentliche Momente der obigen Beispiele überhaupt keine Rolle mehr; so beinhaltet zwar ein *Spiel* ggf. Monster, nicht aber dessen *Interface*. Das Interface ist die Summe derjenigen technischen Gegebenheiten, welche dem Spieler ein Handeln im Spiel ermöglichen. Monster sind etwas, in Bezug auf das Spieler handeln können, sie sind aber nicht Teil der Konstruktion, die den Spielern diese Handlungen ermöglichen. Untersucht man nun diejenigen Handlungen/Aktionen, die tatsächlich Momente des Steuerungsgeschehens ausmachen, lässt sich zeigen, dass die Handlungen des Spielers von kategorial anderer Qualität sind als die entsprechenden »Aktionen« des Spiels. Anhand der für die Game Studies fruchtbar gemachten Handlungstheorie des Literatur- und Kommunikationstheoretikers Kenneth Burke (siehe Venus 2007; vgl. auch Kap. 5) besteht eine jede Handlung notwendig aus fünf sogenannten »motives«: a) Handlungsvollzug (*act*), b) situative Umstände der Handlung (*scene*), c) Handlungsträger (*agent*), d) Handlungsmittel (*agency*) und e) Handlungsabsicht (*purpose*). Analysiert man in diesem Sinne eine Steuerungshandlung (z.B. Handlung »Maus nach rechts« für Aktion »Avatar nach rechts«), dann zeigt sich, dass schon der Aspekt des Handlungsvollzugs (*act*) doppelt ausfällt: Beides – sowohl »Maus nach rechts« als auch »Avatar nach rechts« – sind Handlungsvollzüge, die der Spieler im Spiel-Erleben für sich als zutreffend deklarieren würde (vgl. Neitzel 2008: 152). Sie ereignen sich gleichzeitig, sind gekoppelt, aber es besteht dennoch ein Ursache-Wirkungs-Verhältnis: Der Avatar bewegt sich, weil die Maus bewegt wurde – nicht umgekehrt. Entsprechend gedoppelt fällt der Handlungsträger (*agent*) aus: Wenn Handlung und Aktion im Spiel-Erleben in eins fallen, dann bilden sowohl Spieler als auch Avatar den Handlungsträger. Untersucht man auf dieser Basis schließlich die Handlungsabsicht (*purpose*), dann wird man wieder auf das oben beschriebene Ursache-Wirkungs-Verhältnis verwiesen: Die Absicht besteht offensichtlich darin, sich/den Avatar nach rechts zu bewegen. Diese Absicht kann aber nur dem Spieler und nicht dem Avatar zugeschrieben werden. Insgesamt zeigt sich, dass in Steuerungszusammenhängen die Anwendung des Begriffs »Handlung« lediglich in Bezug auf den Spieler angemessen ist. Der Begriff »Aktion« bezeichnet im Unterschied dazu gewissermaßen eine beobachtbare Tätigkeit, welche aber für sich genommen nicht als intentionale Handlung gelten kann. Es resultiert also ein Regelkreis aus *Handlung* auf der Seite des Menschen und *Aktion* auf der Seite der Maschine.

Beide Seiten, Mensch und Maschine, limitieren qua ihrer (physischen bzw. technischen) Eigenschaften die Möglichkeiten des jeweils anderen. Der Mensch wird auf Handlungen eingeschränkt, welche die Maschine sensorisch messen kann, die Sensorik der Maschine muss so konstruiert sein, dass sie in der Lage ist, zum menschlichen Handlungsrepertoire gehörige Handlungen zu erfassen. Mensch und Technik ›formatieren‹ sich in diesem Sinne gegenseitig, um die Koppelung zu ermöglichen (vgl. Pias 2002). Technisch gesehen könnte in solch einem Steuerungssystem praktisch jede maschinell erfassbare menschliche Handlung mit jeder denkbaren maschinellen Aktion ›verschaltet‹ werden, allerdings ergäbe das nur in seltenen Fällen eingängige Steuerungskonstruktionen. Selbsterklärend – intuitiv – wird eine Steuerung dann, wenn zwischen menschlicher Handlung und maschineller Aktion strukturelle Ähnlichkeit besteht. Die Betonung muss dabei auf *struktureller* Ähnlichkeit liegen, denn zunächst besteht wenig offensichtliche, konkrete Ähnlichkeit zwischen z.B. einer Handlung »Schalter umlegen« und einer Aktion »Licht an« – weder hat der Mensch signalhaft seinen Finger zum Leuchten gebracht, noch hat sich die Lampe in irgendeiner Weise äquivalent zum Schalter räumlich bewegt. Abstrahiert man allerdings vom konkreten Geschehen, dann fällt es nicht schwer, beide Ereignisse als zueinander ›passend‹ zu beschreiben: Beide, Handlung und Aktion, konstituieren sich durch einen einfachen zweistelligen Zustandswechsel. Die Logik eines Drehreglers ist auf diese Weise ebenso leicht herzuleiten: Sowohl der Regler als auch z.B. das damit gedimmte Licht weisen qua Variationsbreite an möglichen Zuständen die Struktur eines Kontinuums auf. Im Alltag wäre diese umständliche Herleitung von Ähnlichkeitsverhältnissen kaum nötig gewesen, denn die unmittelbare Wahrnehmung ›erzeugt‹ solche Ähnlichkeitserfahrungen geradezu von selbst: Die menschliche Wahrnehmung folgt gestaltpsychologischen Prinzipien, nach denen sämtliche Wahrnehmungsmomente ihrem abstrakt-strukturellen Aufbau gemäß systematisch zu Entitäten zusammengefasst werden (Wertheimer 1923) – und Isomorphieverhältnisse zwischen solcherart konstituierten Entitäten sind die Grundlage von Ähnlichkeitserfahrung (Goldmeier 1937). Weil sich Isomorphie auf die Struktur eines Wahrnehmungsinhaltes und nicht auf seine konkrete Erscheinung bezieht, überspringt Ähnlichkeitserfahrung problemlos sämtliche Grenzen von Wahrnehmungsmodalitäten. Deswegen empfinden wir unter Umständen Ähnlichkeit zwischen einem bestimmten Klang und einer ›passenden‹ Bewegung (das Grundprinzip des Tanzes), und deswegen können auch eine Handlung (d.h. eine Bewegung) und eine wahrgenommene maschinelle Aktion wie oben beschrieben grundsätzlich als ähnlich erfahren werden. Wird eine solche Steuerung benutzt und es kommt zu keiner wahrnehmbaren Verzögerung zwischen Handlung und Aktion, dann führt die Ähnlichkeitserfahrung zwischen den beiden Momenten Handlung und Aktion zudem dazu, dass beide wiederum wahrnehmungstechnisch zusammengefasst werden können. Steuerungen, die auf diesem Prinzip beruhen, sind also leicht zu durchschauen und dann auch ebenso leicht als eigenlogische Entität zu lernen. Das hat zwei Effekte: Erstens fallen in der Wahrnehmung des Nutzers Handlung und Aktion steuerungslogisch in eins. So entsteht selbst bei der eigentlich äußerst mittelbaren Bedienung eines Mauszeigers (oder eines *Pac-Man*) am Bildschirm mittels einer Computermaus (oder eines Joysticks) »Zuhandenheit« – oder moderner ausgedrückt: der Eindruck einer ›direkten Manipulation‹ (Pflüger 2004). Zweitens fungiert die in diesem Zuge erlernte Weise des Steuerns wahrnehmungstechnisch als Muster zur Wiedererkennung ähnlicher Situationen. Auf diese Weise etablieren sich Interaktionsformen, die eine Autonomie gegenüber konkreten Steuerungszusammenhängen entwickeln und damit in unterschiedlichsten Kontexten neu eingesetzt werden können.

Abstrahiert man von den konkreten ›Handlungen des Nutzers‹ auf deren Strukturen, dann können Handlungen von hinreichend ähnlicher Struktur als Ausprägungen von ein und derselben Form aufgefasst werden. So unterscheiden sich z.B. die konkreten Handlungen bei der Bedienung unterschiedlicher binärer Schalter ggf. ganz erheblich (unterschiedliche Bewegungen für die Bedienung von Kippschalter, Drehschalter, Tastschalter, Button auf Touchpad ...), aber insofern die Struktur dieser Handlungen (An/Aus-Unterscheidung) bei allen identisch ist, kann hier von einer typischen *Handlungsform* gesprochen werden. Dasselbe gilt für die maschinellen Aktionen: Abstrahiert man auch hier von der konkreten Ausprägung auf die Struktur, dann können typische Aktionsformen identifiziert werden. So macht es zwar konkret einen großen Unterschied, ob z.B. ein Wecker oder ein Atomkraftwerk ausgeht, aber der binäre Wechsel von einem Zustand (»an«) in den anderen (»aus«) gestattet es, beide Vorgänge als verschiedene Fälle ein und derselben *Aktionsform* zu begreifen. Intuitive Interaktionsformen konstituieren sich in diesem Sinne aus isomorphen Handlungs- und Aktionsformen (vgl. Gregersen/Grodal 2009).

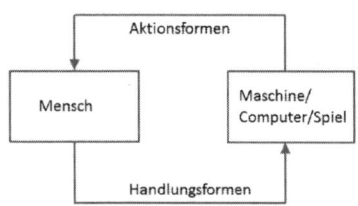

Interaktionsformen sind in diesem Sinne also (durch Kultur und individuelle Erfahrung geprägte) Erwartungs- und Handlungsmuster in Bezug auf Steuerungslogiken. Strukturell ähnliche Ansätze konzeptualisieren solche Muster oft als »Schemata« (Fritz 2000; Wiemer 2006). Die Reduktion auf Struktur und Form bedeutet dabei nicht, dass sinnliche Aspekte von Interfaces wie Haptik oder z.B. auch der Grad an physischer Forderung etc. unberücksichtigt blieben. Die Struktur einer Handlung ist das abstrakte Korrelat des Beziehungsgefüges sämtlicher Sinneseindrücke, die im Zuge eben dieser Handlung erfahren werden. Wenn also eine Steuerungshandlung z.B. mit sehr hohem physischen Aufwand verbunden ist (z.B. eine schweißtreibende Handlung mit der Wii), dann bildet dieser physische Aufwand ein wesentliches strukturelles Moment. Tatsächlich wäre prinzipiell sogar physischer Aufwand als Form an sich gut vorstellbar – dann würde eine Aktion ausschließlich vom Grad der Anstrengung abhängen, unabhängig von der konkreten Ausprägung der Handlung(en). Ebenso verhält es sich mit der Haptik: Wenn Haptik in einer Steuerungskonstellation eine prägende Funktion hat, dann prägt sich diese Funktion auch in die Struktur der Interaktionsform ein. So stellt z.B. das typische Force-Feedback (vgl. Glossar) moderner Gamecontroller, im Grunde eine einfache Vibrationsfunktion, solch ein Moment dar. Die leiblich-sinnliche Erfahrung, die ein Spieler macht, wenn Force-Feedback zum Einsatz kommt, ist qualitativ kaum durch andere »Kanäle« ersetzbar. Gleichzeitig ist aber auffällig, wie vielseitig, weil nämlich de facto doch sehr unspezifisch, diese Force-Feedback-Funktionen einsetzbar sind. So kann ein und derselbe Vibrationseffekt in einem Spiel als Zeichen einer physischen Gewalteinwirkung dienen (z.B. »erbebt« der PS2-Controller beim Rennspiel *Grand Turismo 3*, wenn der Wagen gegen ein Hindernis prallt), während er in einem anderen Spiel das sinnliche Korrelat einer psychischen »Erschütterung« bildet (so bebt derselbe Controller in derselben Weise beim Survival-Horror-Adventure« (vgl. Glossar) *Fatal Frame*, wenn sich dem Spieler ein bedrohlicher Geist auch nur *nähert*). Offensichtlich ist also auch Haptik trotz aller sinnlichen Unmittelbarkeit ebenso gut wie andere Wahrnehmungsmodi geeignet für Übertragungsleistungen auf Basis von Isomorphieverhältnissen. Sie können immer auch durch alternative isomorphe Erfahrungsangebote substituiert werden, wobei diese Substitution freilich den Charakter der Gesamterfahrung schon graduell verändert. So kann die Vibration z.B. sowohl im Falle des Fahrzeug-Crashs als auch bei der psychischen Angsterfahrung alternativ z.B. durch Soundeffekte »ersetzt« werden. Ob die sinnliche Spielerfahrung sich durch diesen Unterschied so stark verändert, dass es angemessen erscheint, dann von einer *anderen Form* zu sprechen, ist eine Frage der Interpretation und kann nur im Einzelfall entschieden werden. Isomorphie als grundlegendes Prinzip von Steuerungslogik bedeutet, dass die Grundlage dieser Logik notwendig unscharf ist. Was zunächst wie ein Nachteil wirkt, erweist sich aber als große Stärke, denn nur aufgrund dieser Unschärfe ist es möglich, viele – eben doch jeweils unterschiedliche – Steuerungsaufgaben potenziell mit ein und derselben Interaktionsform abzudecken. Zudem können solche etablierten Interaktionsformen insbesondere in der Mensch-Computer-Interaktion besonders leicht in neue Kontexte eingeführt werden, weil sämtliche ›Aktionen‹, die hier vom Nutzer ausgelöst werden können, eigentlich nur symbolisch (d.h. abstrakt) sind und erst zum Zwecke der Interaktion visualisiert und damit für den Nutzer wahrnehmungstechnisch konkret werden. Bei der Ausgestaltung dieser Visualisierungen (und deren Rahmenbedingungen) sind die Programmierer bzw. Designer also prinzipiell relativ frei und sie können sich an bereits etablierten Interaktionsformen orientieren. Der Effekt besteht in einer starken Standardisierung solcher Formen.

Das Prinzip, Eingängigkeit einer bestimmten Steuerungsweise auf Basis von Isomorphien bzw. Ähnlichkeitsprinzipien zu etablieren, ist darüber hinaus mit der arbiträren Definition von Zeichen kombinierbar. Während der einfache Mausklick noch vollständige Isomorphie mit jeder Aktion aufweist, welche strukturell als Zustandsänderung in einem einfachen Differenzverhältnis aufgefasst werden kann, dürfte es eigentlich nicht allzu leichtfallen, überhaupt irgendeine Aktion zu finden, die zu einem Doppelklick isomorph ist. Dennoch hat sich auch der Doppelklick als eingängig und dem einfachen Klick praktisch gleichwertig erwiesen, was darauf zurückzuführen ist, dass der Doppelklick durch seine Prägnanz gestaltpsychologisch fast ebenso leicht als geschlossene Gestalt wahrgenommen werden kann wie der einfache Klick. Damit stellt er schlicht eine Alternative zum einfachen Klick dar, was die Manipulationsmöglichkeiten bei gleicher technischer Ausstattung verdoppelt. Sowohl Klick als auch Doppelklick sind damit also zwar offenkundig arbiträre Zeichen, die allerdings als Handlungenformen zu bestimmten Aktionsformen besonders gut ›passen‹. Dennoch ist gerade der Blick auf Interaktionsformen, die auf Handlungsformen mit stärker ausgeprägtem Zeichencharakter basieren, geeignet, ein weiteres Moment von Steuerung in den Blick zu nehmen. Bisher wurde davon ausgegangen, dass eine Handlung zu einer Aktion führt und die Beobachtung dieser Aktion als Feedback für das Gelingen (oder den Grad des Gelingens) der Steuerung dient. In Bezug auf Aufgaben wie z.B. die Steuerung eines Avatars durch eine Spielwelt (oder eines Mauszeigers über den Screen) ist diese Funktionsweise unmittelbar einleuchtend, denn Isomorphie als grundlegendes Prinzip von Steuerungslogik bedeutet, dass die Umsetzung von richtungsbezogenen Handlungsformen in richtungsbezogene Aktionsformen unmittelbar gelingt, womit die Steuerung von Bewegungen jedweder Art besonders leicht zu realisieren ist. Problematisch wird es dagegen, sobald die intendierte Aktion abstrakter Natur ist. Aktionen wie die Aktivierung irgendeiner Funktion (z.B. eines *Health Packs* [vgl. Glossar] o.ä.) sind zwar strukturell kompatibel zu einer einfachen Ja/Nein- bzw. An/Aus-Logik eines Klicks, allerdings handelt es sich bei einer solchen Aktion eben zunächst tatsächlich lediglich um nicht mehr als das: eine abstrakte Zustandsänderung, codiert in Form von Bits und Bytes (z.B. Hochsetzen des Wertes für Lebensenergie). Um dem Benutzer bzw. Spieler die Auslösung einer solchen Aktion überhaupt unmittelbar anbieten zu können, bedarf es eines konkreten Elements im Interface – es bedarf eines *Objekts*, das bedient werden kann. Bei der Ausgestaltung eines solchen Objekts sind dieselben Prinzipien wie bisher wirksam: Es kann dann intuitiv als im Sinne der intendierten Aktion als ›bedienbar‹ erfasst werden, wenn ihm eine in Bezug auf mögliche Zustandsänderungen zur intendierten Aktion isomorphe Struktur zugeschrieben wird. Es bedarf also virtueller Objekte, die ihre Steuerbarkeit und deren Logik möglichst unmittelbar ausweisen. Wie oben beschrieben, existiert bereits ein Repertoire an etablierten Interaktionsformen, welche systematisch auch mit bestimmten konkreten Ausgestaltungen ihrer Bedienoberflächen einhergehen. Man erkennt Schalter, Regler, Touchpads, Zähler etc. – gerade durch diese Standardisierung ist eine schnelle Wiedererkennung möglich. Es existiert also gewissermaßen ein Pool an als bekannt voraussetzbaren konkreten Steuerungswerkzeugen. Das wird nun für die Bedienung abstrakter Aktionen nutzbar gemacht, indem diese bekannten Interaktionsformen virtuell re-inszeniert werden. Ein auf diese Weise erzeugter virtueller Schalter – ein Button – ist insofern ein Interface zweiter Ordnung, denn es ist ein Interface (Schalter), welches über ein Interface (Maus, Controller) bedient wird. Weil es sich hierbei um eine Verkettung zueinander isomorpher Interaktionsformen handelt, wird die enorme Vermitteltheit dieses Vorgangs allerdings nicht bewusst.

Um einen virtuellen Button visuell als solchen auszuweisen, kann die konkrete Erscheinungsform etablierter ›echter‹ Schalter auf dem Screen imitiert werden.[12] Es kann aber visuell zumindest vordergründig auch von der typischen ›Optik‹ eines klassischen Schalters abgewichen werden, indem direkt ein geeignetes Bild bzw. Symbol an sich benutzt wird (vgl. Sandbothe 2005: 162; vgl. auch Kap. 5) – dann sind unter Umständen visuelle Stilmittel nötig, die den Möglichkeitshorizont einer strukturell passenden Zustandsänderung eröffnen. Je nach Verortung im diegetischen Gefüge des Spiels lassen sich zwei Strategien unterscheiden. Das oben genannte Health Pack z.B. kann in beiden Ebenen vorkommen: Es kann im intradiegetischen Raum ›gefunden‹ werden. Seine Inszenierung müsste dann die Option »Aufsammeln« ausweisen. Es kann aber auch bereits aufgesammelt sein. Diese Tatsache muss dem Spieler irgendwie rückgemeldet werden – und zwar idealerweise nicht nur im Moment des Aufsammelns, sondern dauerhaft. Je nach Spiel ist es zwar eventuell möglich, diese Tatsache konkret intradiegetisch zu inszenieren, z.B. indem ein Avatar den gesammelten Health Pack sichtbar mit sich trägt. Sobald aber das Spiel die Möglichkeit bietet, mehr als nur ein oder zwei Objekte einzusammeln (und das ist die Regel), wirft eine solche Lösung offensichtliche Probleme auf. Die gängige Lösung besteht darin, solche Informationen als Umgebungsparameter zu behandeln, mithin als Informationstypus, der über die extradiegetische Ebene vermittelt wird. In jedem Fall muss dafür gesorgt werden, dass die ›Interaktionsfähigkeit‹ des Elements Health Pack evident wird. Auf der intradiegetischen Ebene kann das unter Umständen alleine durch den Charakter des ›erzählten‹ Objektes gelingen: Ein Health Pack ist eben etwas, das gesammelt werden kann, es besitzt per se quasi entsprechenden Aufforderungscharakter, sog. *affordance* (Abb. 8; vgl. Gibson 1977; Norman 1988; vgl. auch Kap. 3), kurz: Es ist dafür da, um gesammelt (und später benutzt) zu werden (vgl. Heidegger 1969: 68). Je detailreicher allerdings eine Spielwelt ist, desto nötiger wird es, artifizielle Stilmittel einzuführen, die bestimmte, nämlich interaktionsfähige Objekte markieren und von den anderen abheben. Klassischerweise gelingt das durch Leuchteffekte, Einblendungen von Markierungen und Ähnliches, was allerdings mit sich bringt, dass hierdurch das diegetische Gefüge streng genommen schon irritiert wird.

Abb. 8 Intradiegetisches Interaktionsangebot: Ein geradezu überdeutliches Schlüsselloch fordert in *Tomb Raider II* zur Benutzung eines Schlüssels auf.

Auf der extradiegetischen Ebene fungiert das Objekt Health Pack formal gesehen gar nicht mehr als Objekt, sondern als abstrakter Parameter. Der Ausweis dieser anderen Qualität (Parameter statt Objekt, abstrakt statt konkret) funktioniert über Inszenierungsformen, die aus dem Bereich der tradierten Medien importiert werden. Insbesondere der Film bzw. das Fernsehen stellen hierfür ein reiches Repertoire an Formen zur Verfügung, mit denen qualitativ unterschiedliche Bedeutungsebenen differenziert werden können (Text-Bild-Kombinationen, Einblendungen etc.), ebenso werden aber auch Formen aus anderen Interaktionszusammenhängen wie z.B. HUDs (vgl. oben) eingesetzt. Alle diese Formen sind geeignet, stilistisch eine Ebene zu etablieren, welche von einer ›darunter liegenden‹ Ebene abstrahiert, sich aber inhaltlich auf sie bezieht. Die Gestaltung einer zweiten Ebene im Stil solcher medialer Formen hebt diese Ebene und damit alle ihre Inhalte qua Form von der darunter liegenden ab und transformiert die enthaltenen Elemente tendenziell zu Zeichen. Die reine Information des Spielers hinsichtlich solcher Parameter kann im Spiel insofern auf unterschiedlichste Weise funktionieren (Einblendung eines Koffers, Einblendung eines Zählers ...), solange sie im Rahmen solcher medialen Formen inszeniert wird.

Abb. 9 *Tomb Raider Anniversary*

Allerdings handelt es sich ja gleichzeitig oft um Parameter, welche Handlungsoptionen eröffnen (›Heilen‹), weswegen durch ein zusätzliches Aufsetzen auf etablierte Interaktionsformen der Möglichkeitshorizont einer Zustandsänderung angedeutet wird. Die in Abb.9 dargestellte Szene aus *Tomb Raider Anniversary* weist diverse extradiegetische Elemente auf, welche die diegetische Ebene überlagern: Ein Statusbalken oben links zeigt an, dass noch maximale Lebensenergie vorhanden ist. Links unten ein Symbol mit dem Bild einer Waffe. Im Unterschied zur Waffe, die Lara in der Hand hält (und die damit als intradiegetisches Element zum Schießen da ist), handelt es sich bei dieser Waffe inszenatorisch gleichzeitig um ein Icon und einen Button. Die Waffe ist Icon, insofern sie abbildend Bezug nimmt auf ein Element der Diegese (Laras Waffe), aber dennoch gestalterisch durch Einblendungsoptik als extradiegetisch ausgewiesen ist (Herauslösung aus der Perspektivität der dargestellten diegetischen Welt etc.); sie vermittelt insofern als Icon die Information: »Dies ist die innerhalb der Diegese aktuell gewählte Waffe« – was implizit auch bedeutet »es gibt potenziell auch noch andere Waffen«. Sie ist zugleich graduell auch Button, insofern sie durch die Art der Inszenierung werkzeughaft zur »Bedienung« einlädt (»Wähle (hier) ggf. eine andere Waffe«). Es ist interessanterweise nicht nötig, dass eine »direkte Manipulation« dieses Buttons (z.B. per direktem Mausklick o.ä.) ermöglicht wird. Auch eine eher mittelbare Bedienung über einen Button oder ein Steuerkreuz auf dem Controller oder auch über eine bestimmte Taste der Tastatur reicht aus, um den beschriebenen Effekt herzustellen. Entscheidend sind eine optisch-stilistische Anlehnung an das Design von Buttons sowie die Inszenierung eines Zustandswechsels im Moment der Bedienung. Die Zahlen darunter informieren über den Status der Munition. Ein Zielkreuz signalisiert, dass momentan der vordere Gorilla anvisiert ist.

Im Effekt weist das Computerspiel also zwei Ebenen auf, deren Interaktionsangebote sich bei unter Umständen identischen Handlungsformen dennoch qualitativ unterscheiden. Auf Basis der Differenzierungsleistung der eingesetzten medialen Inszenierungsformen ›bedeutet‹ eine Interaktionshandlung in Bezug auf ein Objekt Health Pack auf der intradiegetischen Ebene die Benutzung des ›erzählten Objekts‹, dagegen ›bedeutet‹ eine Interaktionshandlung in Bezug auf ein Objekt Health Pack auf der extradiegetischen Ebene den abstrakten Umgang mit einer Option ›Heilen‹. Auf Basis der dabei jeweils zum Einsatz kommenden Interaktionsformen können diese Tendenzen allerdings verstärkt oder abgeschwächt werden: Der formästhetische Ausweis eines erzählten Objekts als ›steuerbar‹ irritiert die Geschlossenheit der diegetischen Welt. Die formästhetisch an der intradiegetischen Bedeutung des Interaktionsangebots orientierte Inszenierung auf der extradiegetischen Ebene irritiert die Geschlossenheit der extradiegetischen Ebene.[13] Allerdings handelt es sich bei diesen Irritationen durchaus nicht um Fehler, stattdessen erzeugt die Auflösung der Grenzen zwischen den Ebenen vielmehr den Kohärenzeindruck des Spiels als Ganzem.[14] Sowohl die gesamte extradiegetische Ebene als auch alle Inszenierungsmittel, mit denen eine Zustandsänderung visualisiert wird, verweisen zusätzlich auf eine weitere grundlegende Funktion jedweden Interfaces, die bisher nur implizit behandelt wurde. Das Prinzip des kybernetischen Regelkreises beruht auf dem Abgleich von Handlung und Aktion. Wie oben festgestellt wurde, existieren aber im Spiel (wie auch in vielen anderen interaktiven Anwendungsbezügen) abstrakte Handlungsoptionen, welche zumindest vordergründig über keine konkrete Entsprechung in Form einer Aktion verfügen. Um diese Optionen überhaupt verfügbar zu machen, müssen sie symbolisch konkretisiert werden. Zusätzlich existieren im Computerspiel weitere abstrakte Parameter, die zwar nicht direkt steuerbar sind, die aber als Umgebungsvariablen den Horizont möglicher Handlungsoptionen potenziell beeinflussen und die sich auch in Reaktion auf Spielerhandlungen mittelbar verändern (z.B. Punktestände, Lebensenergie, Level [vgl. Glossar] etc.). Die Verfügbarmachung all dieser Parameter und Sachverhalte dient einzig dem Zweck, den Spieler zu informieren, um ihm Reaktionen darauf zu ermöglichen. Zunächst ist das kein Computerspiel-typisches Phänomen, sondern es tritt bei Steuerungsaufgaben immer dann auf, wenn sich im Zuge der Steuerung relevante Parameter ändern, ohne dass diese an der konkret ausgelösten Aktion abzulesen wären (so informiert die Tankuhr im Auto darüber, dass sich neben der unmittelbar evidenten Aktion ›Fahren‹ nebenbei ein weiterer Prozess abspielt, der nicht ohne langfristige Folgen für die intendierte Aktion ›Fahren‹ bleibt). Daraus resultiert, dass neben der Aktion ein potenzieller weiterer ›Kanal‹ existiert, über den der Benutzer bzw. Spieler Rückmeldung (Feedback) erhält. Auch hier fungiert Isomorphie als Währung für Eingängigkeit, und auch diese Aufgabe von Interfaces weist einen hohen Standardisierungsgrad auf, wodurch sich ein Repertoire an etablierten *technischen Kontrollformen* herausbilden konnte, mittels deren die internen Zustände zu steuernder Systeme vom Benutzer bzw. Spieler kontrolliert werden können. Potenziell besteht strukturell äquivalent auch die Möglichkeit der maschinellen Kontrolle von internen (physischen) Zuständen des Nutzers bzw. Spielers.

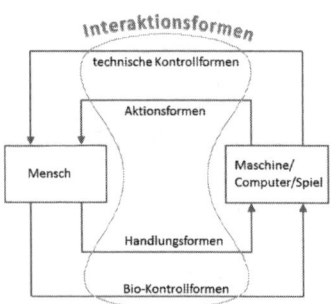

So kann z.B. über Fingersensoren (Nintendo: Wii Vitality Sensor, Ubisoft: Innergy Sensor) der Herzschlag des Nutzers bzw. Spielers gemessen werden. Interfaces konstituieren sich demgemäß aus Handlungs-, Aktions- und technischen sowie potenziell auch Bio-Kontrollformen.[15]

An dieser Stelle erweisen sich Computerspiele allerdings dann doch als Spezialfall, denn auch das, was hier bisher auch und gerade in Bezug auf Computerspiele als Aktion bezeichnet wurde, stellt ja im Grunde auch nichts anderes dar als solch eine Kontrollform. Formal gesehen sind alle Aktionen, die ein Spieler auslöst, zunächst nichts anderes als das Verschieben einiger Nullen und Einsen auf diversen Speicherplätzen. Die unmittelbare Evidenzerfahrung, die ein Spieler macht, wenn er z.B. einen Avatar steuert, spricht jedoch dafür, genau diese zum Maßstab einer Analyse zu machen – jede andere Perspektive liefe Gefahr, zwar ingenieurstechnisch ›richtige‹ Aussagen zu treffen, aber den phänomenologischen Kern eines Computerspiels *als Spiel* zu verfehlen. In diesem Sinne können Aktionsformen der intra- und Kontrollformen der extradiegetischen Ebene zugeordnet werden. Diese Zuordnung muss angesichts der oben hergeleiteten Computerspiel-spezifischen Unschärfe dieser beiden Ebenen nicht starr, sondern wieder als Modell zur Verortung zwischen zwei Polen gedacht werden. Aktionsformen rücken die dergestalt gesteuerten Elemente in den Bereich des Intradiegetischen, Kontrollformen rücken die in dieser Weise gesteuerten Elemente in den Bereich des Extradiegetischen. Diese Entscheidung, Aktionsformen der intradiegetischen Ebene zuzuordnen, darf dabei nicht dazu führen, alles, was sich dort ereignet, als Aktionsform(en) aufzufassen. Aus der Perspektive einer Interfaceanalyse ist vielmehr zu differenzieren in (a) solche Aktionen, die als notwendiger Widerpart einer Spieleraktion direktes Moment eines Interaktionszirkels sind, und (b) solche Aktionen, die als Effekt des simulierten (und in gewissen Grenzen als unabhängig von den Spieleraktionen anzusehenden) Spielgeschehens zu betrachten sind.[16] Effekte der reinen Darstellung von Spielwelten (und deren Dynamiken) müssen aus einer Analyse des Interfaces ausgeklammert werden.

Obwohl freilich jede Interaktion eine körperliche Involvierung des Spielers voraussetzt, handelt es sich bei solchen Interfaces, die den Körper des Spielers (mehr oder weniger) als Ganzes erfassen und seine Bewegungen als Steuerungshandlungen interpretieren, dennoch zweifellos um einen Sonderfall. Solche Konstruktionen stellen zumindest vordergründig den Versuch dar, jede durch Zwischenschaltung von wahrnehmbarer Technik verursachte Brechung in der Interaktion auszuschalten – also den Traum von ›echter‹ direkter Interaktion. Auf Basis des hier entfalteten Modells wird aber deutlich, dass dieses Ziel strukturell zumindest in letzter Konsequenz gar nicht funktional sein kann und Werbeslogans wie »Der Controller bist Du!« nur bedingt stimmen können. Zwar nimmt der Körper bei solchen Interfaces diese Funktion ein, er kann aber nur für ein sehr eingeschränktes Feld an Spielsettings auch wirklich alle für eine Spielsteuerung notwendigen Funktionen erfüllen, denn die Erwartung an solche Konstruktionen besteht dann in der Umsetzung von ›Natürlichkeit‹. Tatsächlich funktioniert das auch in vielen Fällen, und es ist wenig verwunderlich, dass dies insbesondere für mit Sport assoziierte Spiele, also Spiele, die den Spaß an Bewegung in den Fokus rücken, gilt. Allerdings bestehen komplexere Spiele, wie gezeigt wurde, praktisch notwendig aus mehreren Bedeutungsebenen. Die ›Repräsentation‹ des eigenen Körpers in einer diegetischen Spielwelt verkoppelt Körper und Repräsentation allerdings so gründlich, dass ein steuerungslogischer Wechsel in eine andere Ebene Probleme bereitet. Es müssten hierfür entweder radikal arbiträre (und damit stark entfiktionalisierend wirkende) Bewegungsmuster definiert oder eben doch ein ergänzender materialer Controller herangezogen werden, um den Sprung aus der intradiegetischen Ebene zu ermöglichen. Auf diese Weise können dann z.B. Spielerbewegungen unmittelbar in Avatarbewegungen umgesetzt werden, während ein Button auf dem Controller zum Optionsmenü führt. Die Kombination von Körpererfassung und Controller erhöht darüber hinaus die möglichen Steuerungsvariationen insgesamt ganz erheblich. So kann z.B. die Erfassung von Handbewegungen alleine nur schlecht als Steuerung eines Shooters dienen. Hält der Spieler hingegen einen Controller mit Button zum Auslösen in der Hand und vollführt damit Zielbewegungen, dann hat man es sofort mit einer sehr intuitiven »Waffensteuerung« zu tun.

Die vorgeschlagene Modellierung anhand von *Formen* impliziert, dass Elemente von Interfaces bzw. von Interaktionssituationen immer gründlich daraufhin zu prüfen sind, ob sie per se und im Gebrauchskontext genügend Prägnanz aufweisen, um als eigene Ausprägung einer Form begriffen werden zu können. So fungieren z.B. viele Steuerungshandlungen, welche technisch gesehen durchaus als ›einzeln‹ begriffen werden können, im Kontext von Handlungsformen lediglich als Konstituenten derselben. Der Druck auf einen bestimmten Button eines Gamecontrollers etwa ist technisch gesehen eine in sich geschlossene Steuerungshandlung, und sie bleibt aus dieser Perspektive auch kontext- und sogar spielübergreifend immer dieselbe. Allerdings kann die scheinbar selbe Steuerungshandlung innerhalb ein und desselben Spiels als Auslösung eines Schusses kontextuell – und damit auch strukturell – vollkommen anders funktionieren als z.B. als Element der Auswahl einer anderen Bildschirmansicht. Je nachdem, ob das Element, welches aktiviert (angeklickt, ausgewählt ...) wird, also Element einer Aktions- oder einer Kontrollform ist, erhält die gesamte Interaktion einen ausgesprochen unterschiedlichen Charakter. Es wäre dann zu prüfen, ob die Differenz nicht sogar so groß ist, dass hier insgesamt von zwei unterschiedlichen Interaktionsformen die Rede sein müsste.

2.3 Steuerungen als Kulturtechniken

Wie im vorigen Abschnitt gezeigt wurde, basiert die Markierung bestimmter Interfaceelemente als extradiegetisch auf der Übernahme geeigneter etablierter medialer Formen. Tatsächlich ist derselbe Mechanismus freilich auch in Bezug auf die Zuordnung von Elementen zur intradiegetischen Ebene wirksam, allerdings sind diese Mechanismen weniger auffällig, weil die Funktion dieser Formen gerade darin besteht, Brechung zu verschleiern. So ist z.B. die perspektivisch ›richtige‹ Einbettung eines Avatars in die Spielwelt nicht nur der Konsistenz der diegetischen Welt dienlich, sondern erfüllt auch für die Spielsteuerung eine wichtige Rolle, weil sie als Matrix für dessen Steuerung im Raum dient.

Wenn Interaktionsformen durch die Kombination (idealerweise) bereits etablierter Handlungs-, Aktions- und Kontrollformen gebildet werden, dann sind diese als Konstituenten jeweils nicht ›neutral‹, sondern potenziell bereits mit Bedeutung konnotiert. Der Einsatz dieser Formen im Interaktionskontext des Computerspiels bleibt deswegen (a) nicht ohne Folgen für die Interaktionsform als Ganze und versieht (b) die einzelnen Konstituenten durch ihr Vorkommen in diesen neuen Kontexten ebenfalls mit neuen Konnotationen, welche potenziell auf deren Ursprünge zurückwirken.[17]

Insgesamt sind solche Transformationsprozesse bei Handlungsformen am wenigsten wahrscheinlich, weil diese üblicherweise aufgrund ihrer unmittelbaren Eignung in Bezug auf bestimmte gamespezifische Steuerungsprobleme importiert werden.

Bei den wesentlichen Handlungsformen, welche in Interaktionsformen auf der innerdiegetischen Spielebene zum Einsatz kommen, handelt es sich in der Regel um richtungsbezogene Handlungen sowie um einfachste Ja/Nein-, An/Aus-Unterscheidungshandlungen und Pegelsteuerungen. Diese erfahren hinsichtlich ihrer ›Grundbedeutungen‹ kaum Transformationen. Die im extradiegetischen Bereich eines Spiels auszuführenden Steueraufgaben unterscheiden sich zugleich kaum von herkömmlichen Steuerungsaufgaben in anderen gebrauchsmedialen Zusammenhängen. Hier kommt es also ebenfalls kaum zu nennenswerten Transformationen. Bei Kontrollformen handelt es sich hingegen wie erläutert sehr häufig um Formmigrationen aus dem Medienbereich, indem hier die Differenzierungsmächtigkeit bestimmter tradierter medialer Formen benutzt wird.

Abb. 10 *Wer wird Millionär?*: Screendesign inszeniert das Geschehen ›Auswahl‹ und versetzt den Zuschauer inszenatorisch in die Situation eines Spielers.

Der Einsatz solcher Formen in Zusammenhängen des Computerspiels lädt diese Formen mit der Zuschreibung von Steuerungslogik auf, was nicht ohne Folgen für den weiteren Einsatz derselben Formen in tradierten nicht-interaktiven Medien bleibt: Solche Darstellungen erhalten dadurch tendenziell die Konnotation von ›Interaktivität‹ bzw. ›Steuerbarkeit‹ (Abb. 10).

Insgesamt stellen Computerspiele ein fruchtbares Feld zur Hybridisierung von bestehenden Formen aus unterschiedlichsten Bezügen dar, denn Computerspiele stellen die Spieler vor vergleichsweise besonders komplexe Steuerungsaufgaben. Das ist zum einen ein direkter Effekt ihrer Gesamtkomplexität, es stellt zum anderen aber auch ein wesentliches Moment ihres Reizes dar, weil mit der Komplexität der Steuerung auch die Herausforderung wächst. In dieser Hinsicht unterscheiden sich Computerspiel-Interfaces systematisch von allen Interfaces aus anderen Nutzungsbereichen.

Rainer Leschke (2010) hat in Bezug auf Inszenierungsformen in den Medien aufgezeigt, dass diese tendenziell in der Kunst entwickelt werden, um anschließend in die popkulturellen Medien zu migrieren. Obgleich in der zeitgenössischen (interaktiven) Kunst durchaus auch neue und innovative Steuerungsmethoden entwickelt wurden und werden (Sommerer/Jain/Mignonneau 2008), deutet doch vieles darauf hin, dass neue Interaktionsformen dagegen bereits in der Gegenwart und vermutlich noch viel stärker in der Zukunft zu einem großen Teil im Computerspiel entwickelt werden, um anschließend in andere Interaktionsbezüge übernommen zu werden. Computerspiele wären in diesem Sinne einflussreiche Labore für neue und bessere Interaktionsformen der Zukunft.

3. Involvierungsstrategien des Computerspiels
von Britta Neitzel

3.1 Immersion – Interaktivität – Involvierung

Die Begriffe Immersion, Interaktivität und Involvierung betreffen das Feld der Spiel-Spieler-Bindung. Ebenfalls in dieses Feld gehören der Begriff der Präsenz sowie die Figur des Avatars (vgl. Glossar), über die viele dieser Verbindungen vermittelt werden. Diese Verbindung ist unabdingbar für ein Spiel, das sich erst im Vollzug des Spielens durch die ständige Rückkoppelung von Spiel (als Hardware/Software) und Spieler (als ›Wetware‹ und ›Socialware‹) entfaltet (vgl. Neitzel 2000: 56; vgl. auch Kap. 2 und 6). Der ständige Austausch und die wechselseitige Bezugnahme von Spiel und Spieler stellen den Kern des Spielens dar.

In den letzten Jahren sind vermehrt psychologische und kommunikationswissenschaftliche Untersuchungen zu dieser Verbindung vorgelegt worden, die die Erfahrungen der Spieler insbesondere unter dem Begriff der Immersion betrachten (vgl. z.B. die Literaturdatenbank unter www.digiplay.info; Thon 2008). Das Umfeld, die digitale Umgebung, die zu diesen Erfahrungen anregt, ist jedoch bislang kaum Gegenstand von Analyse und Theorie geworden. Involvierungsstrategien von Computerspielen nun betreffen diesen Bereich. Sie sind als Angebote und Einladungen der Spiele zu verstehen, ein Spiel zu spielen, es weiterzuspielen oder immer wieder zu spielen. Die folgende Betrachtung von Involvierungsstrategien macht einen Standpunkt stark, der die vollständige Trennung des Spiels oder einer virtuellen Realität von der restlichen Welt bestreitet (vgl. z.B. Manovich 2005; Calleja 2007), und will aufzeigen, in welcher Weise die Spiele eben nicht an einer Abtrennung, sondern an einer Verbindung arbeiten. Dazu werden die Konzeptualisierungen der Begriffe Immersion, Interaktivität und Involvierung kurz vorgestellt, um in einem zweiten Schritt – näher am Material – auf verschiedene Involvierungsstrategien des Computerspiels einzugehen. Die Figur des Avatars wird dabei nicht in einem eigenen theoretischen Abschnitt behandelt, sondern in ihrer Rolle für die jeweilige Strategie beschrieben.

Immersion

Die Frage nach der Involvierung von Spielern lässt sich kritisch anschließen an Untersuchungen der Immersion, d.h. des Hineingezogenwerdens in einen Text, ein Bild oder ein anderes Medium. Bis zum Jahrtausendwechsel wurde das Phänomen der Immersion in der Literatur-, Film- und Medienwissenschaft wie auch in der Kunstwissenschaft eher randständig behandelt. Als Phänomen einer scheinbar unreflektierten Rezeption und/oder des Eskapismus steht es im Gegensatz zu distanzierter Rezeption und Distanzierungsstrategien der Medien, wie sie im postmodernen Denken im Vordergrund stehen. Durch digitale Medien sowie insbesondere durch Theorien zu und Experimente mit der virtuellen Realität bekam das Phänomen jedoch neue Aufmerksamkeit. Zu nennen sind insbesondere die Studien von Marie-Laure Ryan (2001), die vor allem textbasierte Medien fokussiert, und Oliver Grau (2000), der visuelle Strategien vom Panorama bis zur Virtuellen Realität, insbesondere in der Kunst, untersucht, sowie der Band *Immersion* der Zeitschrift *montage a/v* (17/2/2008). Als eine korrespondierende Untersuchungslinie, jedoch mit anderer Begriffsverwendung, wäre die eher technologisch fundierte Vorstellung von Immersion, wie sie im Hinblick auf die VR-Forschung existiert, zu nennen (vgl. z.B. Heim 1998). Auch die Game Studies thematisieren das Thema der Immersion in den letzten Jahren verstärkt. Eine einheitliche Begriffsverwendung ist aber auch hier (noch) nicht zu finden (vgl. Thon 2008). So schlagen z.B. Laura Ermi und Frans Mäyrä (2005) ein dreigliedriges Schema, das »SCI-model« (Style, Challenge, Imagination), vor, das zwischen sensorischer, auf Herausforderungen basierender und imaginativer Immersion unterscheidet. Gordon Calleja (2007) entwickelt ein Modell, das sechs Dimensionen – (räumlich, taktil, affektiv, narrativ, performativ, geteilt) und zwei Phasen (mikro und makro) – umfasst (für eine genauere Erklärung des Modells vgl. unten). In seinem »Digital Game Experience Model« benutzt er jedoch nicht den Begriff ›Immersion‹, sondern den der Involvierung (*involvement*).

Immersion wird erst seit einiger Zeit wieder verstärkt wissenschaftlich beachtet, wobei in einigen dieser Arbeiten eine historische Ausrichtung mit der Tendenz zu einer teleologischen Mediengeschichtsschreibung zu beobachten ist. So wird die Geschichte der Medien von verschiedenen Autoren als Versuch der Herstellung von immer perfekteren Illusionen und Immersionsstrategien betrachtet. Oliver Grau (2005: 80) konstatiert, dass sich in der europäischen Kunst- und Mediengeschichte seit dem ausgehenden Mittelalter mit Brüchen und Umwegen immer wieder ein Wettstreit zwischen neuen Illusionsmedien und Distanzierungskräften zeigt. In einer Vielzahl von unterschiedlichen Medien manifestiere sich die Suche nach einer illusionären, letztlich unmerklichen Verbindung zum Bild (ebd.: 98). Konrad Schmidt (2005: 194) geht so weit zu sagen, dass »[d]er Wunsch nach parallelen Realitäten [...] sich als Grundmotiv durch die menschliche Kulturgeschichte [zieht]«. Auch Jay David Bolter und Richard Grusin (1999) sehen in der Mediengeschichte den Versuch der Medien, sich – mit medialen Mitteln – unsichtbar zu machen und eine scheinbare Unmittelbarkeit herzustellen. In einer Logik, der entsprechend die perfekteste Illusion diejenige ist, die man nicht bemerkt, wäre dies der erstrebenswerte Endpunkt medialer Immersionsstrategien. Neuere Aussagen zur VR-Technologie, die konstatieren, dass dieser Endpunkt nun endlich erreicht sei, unterstützen die Teleologie und erheben den Computer zum krönenden Abschluss der Medienentwicklung. Doch weder entsprechen Visionen von Apologeten neuer Technologien realen Gegebenheiten, noch sind sie selbst neu. Sie sind eben Visionen, die mit Bezug auf die je neuen Medien immer wieder auftauchen und, wie André Bazin schon 1946 in Bezug auf den »Mythos vom totalen Film« feststellte, zur Promotion des jeweiligen Mediums dienen (vgl. Bazin 2005; Schweinitz 2006).

Der Begriff der Immersion wird, wie oben gesagt, keineswegs einheitlich verwendet. Während Oliver Grau (2000) strikt nur visuelle Strategien untersucht und implizit einen Bildraum von 360 Grad als den Endpunkt der Immersion annimmt, geht Marie-Laure Ryan, wenn sie über räumliche Immersion spricht, nur auf textuelle Strategien zu ihrer Herstellung ein. Die unscharfe Beschreibung von Immersion, wie sie zum Beispiel bei Janet H. Murray zu finden ist, befördert solche Uneinheitlichkeiten in der Benutzung des Begriffs:

»Immersion is a metaphorical term derived from the physical experience of being submerged in water. We seek the same feeling from a psychologically immersive experience that we do from a plunge in the ocean or swimming pool: the sensation of being surrounded by a completely other reality, as different as water is from air, that takes over all of our attention, our whole perceptual apparatus. We enjoy the movement out of our familiar world, the feeling of alertness that comes from being in this new

place, and the delight that comes from learning to move within it.«
(Murray 1997: 98f.)

In dieser emphatischen Beschreibung der Immersion, die nicht zufällig in einem Buch zu finden ist, das *Hamlet on the Holodeck* [Hervorhebung BN] heißt, fällt ein fataler – genauer letaler – Fehler auf: Wenn wir »submerged in water«, also untergetaucht sind, dann ertrinken wir. Die totale Immersion, auf die Murray hier abzielt, ist ein Mythos, z.B. ein mythischer Anfangspunkt des Einsseins mit der Welt oder auch ein mythischer, unerreichbarer Endpunkt der Mediengeschichte. In negativer Ausprägung wird die Idee der totalen Immersion in Visionen vom totalen Realitätsverlust z.B. in der *Matrix* oder – ganz real – in der Diskussion um die negativen Folgen des Computerspielens promoviert. Immersion jedoch muss als ein ambivalentes Phänomen verstanden werden, denn das Gefühl, sich in einer anderen Realität zu befinden, bedarf eines Bewusstseins von dieser Realität (vgl. Kap. 4). Auch die Reise, die Ryan zufolge (2001: 93f.) oft als Metapher verwendet wird, um den Prozess der Immersion zu beschreiben, setzt ein Hier *und* ein Dort voraus. Deutlicher wird diese Ambivalenz, dieses Schwanken zwischen Nähe und Distanz (Ferne und Gegenwärtigkeit), in dem vor allem in der englischsprachigen Literatur diskutierten Konzept der Presence, das sich partiell mit den Konzeptualisierungen von Immersion überschneidet (vgl. Lombard/Ditton 1997; King/Krzywinska 2006: 97-123). Mathew Lombard und Theresa Ditton etwa unterscheiden in ihrer Beschreibung von Presence drei Richtungen in der Beziehung zu virtuellen Räumen, nämlich »You are there«, »It is here« und »We are together (shared space)«. Sie schlagen damit eine einfache, richtungsbezogene Differenzierung des Gefühls von Presence vor, die größere Unterscheidungsmöglichkeiten und mehr Anschlussmöglichkeiten bietet als die Metapher der Reise.

Während die Diskussion des Begriffs der Immersion im Zusammenhang mit digitalen Medien, insbesondere der Virtuellen Realität und den Computerspielen, dazu tendiert, als expliziten oder impliziten Endpunkt stets die »totale Immersion« anzunehmen, d.h. das Aufgehen eines Benutzers in einer virtuellen Welt, die ihn vollkommen absorbiert, lässt sich die Dreiteilung von Lombard und Ditton an ein Konzept mit größerer Reichweite anschließen, das auf der Annahme fußt, dass im Mediengebrauch immer eine – jeweils spezifische – Diffusion von Räumen und Orten unterschiedlicher Qualität (metaphorisch, materiell, imaginär oder virtuell) stattfindet.

Interaktivität

Auch wenn Murray von dem Vergnügen spricht zu lernen, sich in der anderen Umgebung zu bewegen, und Alison McMahan (2003: 69) als eine Bedingung von Immersion angibt, dass die Aktionen von Benutzern einen nichttrivialen Einfluss auf die virtuelle Umgebung haben müssen, konnotiert Immersion eine Passivierung des Benutzers (vor allem virtuelle Bildräume zielen auf Überwältigung ab). Das Konzept der Interaktivität jedoch geht mit der Konnotation von Aktivität einher.

Interaktivität, wie sie heute diskutiert wird, wird generell verstanden als eine Eigenschaft von Medien, die eine Beteiligung von Benutzern zulässt. Ryan (2001: 16 f.) unterscheidet zwischen Interaktivität im wörtlichen und im übertragenen Sinn, wobei sich die Interaktivität im übertragenen Sinn auf die Interpretation von Texten durch die Rezipienten bezieht (wie Aarseth [1997: 64] betont, ist diese Arbeit immer am Werk) und bis in die Rezeptionstheorie von Wolfgang Iser (1994) oder Umberto Eco (1993) zurückverfolgt werden kann. Interaktivität im wörtlichen Sinn hingegen bezieht sich auf die Möglichkeiten des Umgangs mit digitalen Medien, diese seien »the textual mechanisms that enable the reader to affect the ›text‹ of the texts as visible display of signs, and to control the dynamics of its unfolding« (Ryan 2001: 17). Darüber, wann und wo der ›Text‹ des Textes beginnt, auf welchen Ebenen die Leser, Rezipienten oder Benutzer eingreifen können, gehen die Meinungen und Konzeptionen nicht erst im Rahmen der Computerspielforschung auseinander (vgl. z.B. Aarseth 1997; Ryan 2001).

Dies mag in der Geschichte des Konzepts begründet liegen. In der Informatik wurde die Batch- oder Stapelverarbeitung, bei der Befehle auf Lochkarten in einen Rechner eingegeben und abgearbeitet wurden, ohne dass die Benutzer eingriffen, von der interaktiven oder *Dialog*verarbeitung, bei der in den Prozess eingegriffen werden kann, abgelöst. Dass interaktive Verarbeitung auch Dialogverarbeitung genannt wird, verweist auf die soziologischen Quellen des Konzepts. Jedoch wird in der Soziologie keineswegs von Interaktivität, sondern von Interaktion gesprochen und diese auch nicht mit dem Dialog gleichgesetzt, wie Luhmanns (1993: 81) Beschreibung von Interaktion zeigt: »Als Interaktion soll dasjenige Sozialsystem bezeichnet sein, das sich zwangsläufig bildet, wenn immer Personen einander begegnen, das heißt wahrnehmen, daß sie einander wahrnehmen, und dadurch genötigt sind, ihr Handeln in Rücksicht aufeinander zu wählen.«[18] Kommunikation hingegen brauche mehr als gegenseitiges Wahrnehmen.

Auch wenn diese soziologischen Konzepte Interaktion von Kommunikation trennen, so wurde doch in den 1990er Jahren, als vor allem über interaktives Fernsehen diskutiert wurde, das ›gleichberechtigte‹ Gespräch oder der Dialog implizit als erstrebenswerter Fluchtpunkt der Interaktion mit Medien angenommen (vgl. zum Überblick Goertz 1995; zur Kritik Kolb/Leschke/Schemer-Reinhard 2008). Auf der anderen Seite ist versucht worden, Interaktivität anhand von Freiheitsgraden der Handlungsmöglichkeiten und/oder der temporalen Dichte von Eingriffsmöglichkeiten zu bestimmen und sie auf diese Weise operationalisierbar zu machen, um Grade der Interaktivität von Medien definieren zu können. Jedoch tragen weder die Messung von *activities per second* noch die Utopie des Gesprächspartners Computer zur tatsächlichen Beschreibung des hochkomplexen Umgangs mit dem Computer bei. Das Zusammenwirken von u.a. Benutzern, Technik, Wissen, Diskursen, Text, Narration, Handlungen, Reaktionen in spezifischen symbolischen Zusammenhängen kann weder in einer auf technische Parameter fokussierten Interaktivitätsmatrix festgeschrieben noch als zwischenmenschlicher Dialog modelliert werden.

Involvierung

Der Terminus »Involvierung« kann als Oberbegriff von Interaktion und Immersion verstanden werden. Weniger spezifisch als diese umfasst er sowohl aktive als auch passive Komponenten und ist – wenn auch im Deutschen weniger gängig – im Englischen (*involvement*) als allgemeiner Begriff für Beteiligung zu verstehen. Durch den Begriff Involvierung werden die den Begriffen Immersion und Interaktion anhaftenden Konnotationen von passiv respektive aktiv vermieden, und zudem erlaubt er die Betrachtung von *Techniken* der Involvierung, während psychische Komponenten – vor allem der Immersion – aus dem Fokus genommen werden. Techniken der Involvierung versuchen, das prekäre Gleichgewicht von Nähe und Distanz von Spielern zum Spiel zu halten, denn einerseits muss ein Spiel fesselnd genug sein, damit es auch gespielt wird, andererseits ist für die Spielbarkeit eine gewisse Distanz notwendig (vgl. unten emotionale Involvierung). Es soll im Folgenden also nicht von Immersion gesprochen werden, sondern von Involvierung, die keinesfalls mit totaler Immersion, dem Verschmelzen eines Spielers oder einer Spielerin mit dem Spiel, gleichzusetzen ist, sondern das spielerische Gleichgewicht von Nähe und Distanz, das über mehrere miteinander verbundene Techniken und Ebenen hergestellt wird, beschreibt.

3.2 Techniken der Involvierung

Angeschlossen an diese theoretischen Überlegungen wird eine – unvollständige – Skizze verschiedener Techniken der Involvierung. Den Ausgangs- und Anschlusspunkt für die Darstellung bieten die Dimensionen immersiver bzw. involvierender Techniken bei Marie-Laure Ryan (2001), Laura Ermi und Frans Mäyrä (2005) sowie bei Gordon Calleja (2007). Ryan (2001) identifiziert die Bereiche von räumlicher, temporaler und emotionaler Immersion. Ermi und Mäyrä (2005) nehmen Spieler in den Blick, die sie nach dem Gefühl der Immersion befragt haben. Sie unterscheiden zwischen sensorischer, auf spielerischen Herausforderungen basierender und imaginativer Immersion. Diese ordnen sie verschiedenen Bereichen auf der Ebene des Spiels zu:

- Sensorik (Audiovisualität): Grafik, Ton, Musik, Neuheit
- Imagination (Fantasie): Welt, Thema, Charaktere, Entdeckung, Weite, Durchgängigkeit, Humor
- Herausforderungen: Wettkampf, Gewinnen, Kontrollieren, Kreieren, Fortschreiten, (Rätsel-)Lösen

Calleja (2007) entwickelt ein Modell, das die Erfahrungen von Spielern in sechs verschiedene Rahmen (räumlich, taktisch, affektiv, narrativ, performativ, geteilt) einordnet und das zwei zeitliche Phasen (mikro und makro) umfasst. Es kann an dieser Stelle keine detaillierte Analyse dieser Modelle geleistet werden, und dies ist für unsere Zwecke auch nicht nötig, da Ermi und Mäyrä sowie Calleja auf die Erfahrungen von Spielern abzielen und Ryan vor allem über textuelle Medien spricht. Sie können jedoch einen Ausgangspunkt für die hier vorgestellten Modi der Involvierung bilden, die sich auf mediale Techniken beziehen.

Die Modelle bzw. Kategorisierungen können zum Teil ineinander überführt werden, da sie die gleichen oder einander ergänzende Dimensionen attribuieren. So stellen sensorische und affektive Involvierung bei Ermi und Mäyrä sowie bei Calleja einen zusammengehörigen Komplex dar, da beide auf visuelle und auditive Attraktionen abzielen.[19] Emotion, Imagination, Narration bilden ebenfalls einen Bereich, in dem enge Beziehungen bestehen. Die ›Herausforderungen‹ Ermis und Mäyräs werden bei Calleja mit den Attributen ›taktisch‹ und ›performativ‹ erfasst. Die folgende Tabelle stellt die Dimensionen kurz dar:

Ryan	Ermi & Mäyrä	Calleja	Involvierungsmodi
Raum		Raum	räumlich
Zeit			temporal
	Sensorik	affektiv	sensomotorisch visuell
	Herausforderungen	taktisch, performativ	aktional
Emotion	Imagination	narrativ	emotional
		geteilt	sozial
			ökonomisch

Mit einigen Ergänzungen zu den vorliegenden Modellen seien also folgende Bereiche von Techniken der Involvierung, die in Computerspielen zusammenwirken, skizziert:

- aktionale Involvierung
- ökonomische Involvierung
- temporale Involvierung
- sensomotorische Involvierung
- visuelle Involvierung
- räumliche Involvierung
- emotionale Involvierung
- soziale Involvierung
- narrative Involvierung

Auf Ausführungen zur sozialen Involvierung wird dabei verzichtet, weil sie den Umfang dieses Kapitels überschreiten würden. Ganz bewusst wird auch auf eine ausführliche Erläuterung einer Involvierung über Bedeutungskonstruktionen verzichtet. Die Involvierung über die narrative Ebene, die Mitkonstruktion einer Geschichte durch die Rezipienten, sowie textuelle Elemente, die zu dieser Konstruktion beitragen, sind an anderer Stelle ausführlich beschrieben worden (vgl. z.B. Ryan 2001; für die Mitarbeit der Zuschauer an der Narration des Films vgl. z.B. Bordwell 1985). Auch die Involvierungsangebote über intertextuelle, intermediale oder selbstreferenzielle Verweise werden im Folgenden nicht eigens diskutiert.[20] Die *Media Savvyness* von Rezipienten und Benutzern populärer Medien, die zum Verfolgen und Aufdecken solcher Verweise notwendig ist, wird ausführlich in den Arbeiten von Henry Jenkins (1992; 2006a; 2006b) beschrieben.

Aktionale Involvierung: Handeln, Handlungsaufforderungen, Affordances

Spiele sind Handlungsanweisungen. Von »Avoid missing Ball for Highscore!«, der Spielanleitung zu *Pong* (1972), bis zu über zweihundertseitigen Handbüchern für Strategiespiele[21] geben Spiele vor, was auf welche Weise im Spiel zu tun ist. So versuchen grundlegende Involvierungstechniken den Spieler über das Handeln an das Spiel zu binden. Der gesamte von Ermi und Mäyrä genannte Bereich der Herausforderungen – Wettkampf, Gewinnen, Kontrollieren, Kreieren, Fortschreiten und (Rätsel-)Lösen – baut auf einer Involvierung über Handlungen auf.

Man könnte sagen, dass ein Spieler mit dem Spiel einen ›Vertrag‹ schließt, dem entsprechend er bereit ist, nach den Spielregeln zu handeln.[22] Doch was ist das für ein Handeln? Ralf Adelmann und Hartmut Winkler (2009) vertreten, unter Rückgriff auf Norbert Elias' Zivilisationstheorie, die These, dass die kurzen Handlungsketten in Computerspielen ein souveränes Handlungssubjekt konstituieren, das außerhalb von Spielen zwar als Idealbild fungiert, aber in der sozialen Praxis kaum einen Platz findet. Die Spannung zwischen gesellschaftlich geforderter Selbstbestimmung und tatsächlicher Fremdbestimmung, gepaart mit langen Handlungsketten – »der Weg zum Sex führt über ein Deo, eine Diskothek, eine Schamfrist von mehreren Wochen, unzählige Telefonate und möglicherweise ein Blumengeschäft« (ebd.: 8), – werde im Computerspiel aufgelöst. »Dort sind die Handlungsketten auf lustvolle Weise verkürzt. Ursache – Wirkung. Zack – und weg.« (Ebd.: 10) Im Spiel ist der Spieler Souverän.

Nun findet sich ›Zack – und weg‹ in dieser reinen Form jedoch in kaum einem Computerspiel und würde wohl auch den archaischsten Spieler relativ bald langweilen. Auch First-Person-Shooter (vgl. Glossar), die von Adelmann und Winkler besonders hervorgehoben werden, setzen auf das symbolische Aus-dem-Weg-Räumen der Gegner weitere Regelsysteme auf. Dennoch: In jedem Spiel ist dieses Regelsystem für die Spieler durchschaubar oder kann es im Laufe des wiederholten Spielens werden. Selbst an der Funktionalität der relativ komplexen ineinandergreifenden Kreisläufe von (Aufbau-)Strategiespielen kann von Spielern so lange gearbeitet werden, bis sie schließlich durchschaut werden. Auch wenn die Handlungsketten im Computerspiel über das archaische ›Zack – und weg‹ hinausreichen, so sind sie doch so weit beschränkt, dass letztlich klare, Sicherheit verheißende Regeln erkannt werden können. Im Gegensatz zur sozialen Interaktion, die unsicher ist, bietet die Interaktivität Sicherheit an. Als Souverän kann sich das spielende Subjekt nicht nur insofern fühlen, als es eine einfache Handlung übersieht und ausführt, sondern auch, weil es das System durchschauen kann. Gerade die Möglichkeit, sich im Laufe des Spielens Regel-, Verhaltens- und Interaktionssysteme zu erschließen, unterscheidet Computerspiele von vielen anderen Spielen, in denen ein Regelsystem von vornherein gegeben ist und das Set von möglichen Handlungen vorgibt. Das Erschließen der Spielprinzipien kann sogar Ziel des Spiels sein (vgl. Friedman 1995).

Auch auf der Mikroebene gibt es Handlungsaufforderungen, die nicht unbedingt mit klassischen, nämlich direkten und offensichtlichen, Handlungsaufforderungen gleichgesetzt werden können. So wie sich in der Alltagswelt Gegenstände finden, die zu bestimmten Handlungen auffordern (sie besitzen bestimmte *affordances*, vgl. Gibson 1977), bildet die Spielwelt solche Gegenstände ab: Türen können geöffnet, Schalter umgelegt, Bälle geworfen, Schluchten übersprungen werden. Jedoch unterscheiden sich die Behandlungsmöglichkeiten der Spielgegenstände und -umgebungen oftmals von denen der Welt außerhalb des Spiels. So stellen z.B. in *World of Warcraft* Non-Player-Characters (vgl.

Glossar) für den Avatar des Spielers ein Hindernis dar, während er durch die Avatare anderer Spieler hindurchlaufen kann. Solche Spezifika der Spielumgebung – es gibt auch den umgekehrten Fall, in dem visuelle Freiflächen ein Hindernis darstellen –, d.h. die Funktionsweise der virtuellen Welt und ihre Behandlungsmöglichkeiten, können (und müssen) vom Spieler erst einmal entdeckt werden. Spielumgebungen können als Einladungen zum Herumspielen betrachtet werden.

Ökonomische Involvierung: das Belohnungssystem

Für die Erfüllung vieler Spielaufgaben hält ein Spiel explizit Belohnungen bereit – seien dies Punkte, (Spiel-)Geld, Gegenstände oder neue Spielinhalte. Strategien der ökonomischen Involvierung zielen nicht auf möglicherweise persönlich wertvolle Erfahrungen der Spieler z.B. im Rollenspiel ab, die diese als Belohnung empfinden können, sondern beschreiben die zählbare Ökonomie des Spiels, deren Belohnungsebenen ineinandergreifen. Anhand von *Farmville* soll ein Beispiel für ein solches spielökonomisches System gegeben werden.

Als »Casual Game« (vgl. Glossar) bezeichnet, wird *Farmville*, das seit Juni 2009 über *Facebook* gespielt werden kann und im Januar 2011 knapp sechzig Millionen Spieler hatte[23], vor allem als soziales Phänomen betrachtet. Von Spielern und im Hinblick auf die Analyse auch von der Wissenschaft (noch) nicht ernst genommen, bietet *Farmville* jedoch einen guten Ausgangspunkt für die Beschreibung ökonomischer Involvierungsstrategien von Computerspielen.

Nachdem ein *Facebook*-Benutzer das Geschlecht (dies ist jederzeit wechselbar) für seinen Avatar gewählt hat, erhält jeder Spieler einen blonden weißen Avatar (auch das Aussehen des Avatars kann modifiziert werden, der erste Vorschlag des Spiels ist jedoch die blonde, hellhäutige Figur) und kann das Spiel mit einer kleinen Menge an Münzen und Farm Cash sowie sechs Feldern zur landwirtschaftlichen Bearbeitung beginnen.

Abb. 11 *Farmville*-Tutorial

In einem Tutorial (Abb. 11) werden die ersten Schritte erklärt – wie die Pflanzen zu ernten und anzubauen sind und wie der Markt zu benutzen ist. Pflanzen zum Anbau können im Markt gegen Münzen erworben werden, der Anbau kostet Farmville-Münzen, bringt Erfahrungspunkte, und bei der Ernte verdienen die Spielenden Münzen und bekommen Meisterschafts- und Erfahrungspunkte. Der Ablauf des Spiels ist also in seiner Basis über Erntezyklen organisiert. Hierauf aufbauend arbeitet das ökonomische System innerhalb des Spiels mit sechs Sorten von Währungen:

- *Erfahrungspunkte*: zeigen das Level der Farm an.
- *Münzen*: dienen zum Erwerb von Saat, Tieren und Gegenständen. Das Aufstellen von bestimmten Gegenständen auf der Farm wird mit Erfahrungspunkten belohnt, andere dienen dem schnelleren Arbeiten auf der Farm und erleichtern das Verdienen von Münzen.

– *Meisterschaftspunkte*: zeigen an, wie viele Einheiten von einer Pflanze geerntet wurden. Für das Meistern einer Pflanze bekommen die Spielenden Erfahrungspunkte und Münzen. Wenn der Anbau einer Pflanze gemeistert wurde, bringt sie mehr Ertrag.
– *Freunde*: werden benötigt, um Materialien, die zum Bau bestimmter Gebäude oder zur Erfüllung von Quests (vgl. Glossar) gebraucht werden, zu schicken. Schickt ein Spieler einen Questgegenstand an Freunde, so bekommt er diesen auch selbst.
– *Nachbarn*: werden benötigt, um die Farm zu vergrößern sowie für einige Quests. Zudem kann man über sie Waren beziehen, die im farmeigenen Handwerksbetrieb weiterverarbeitet und wiederum an die Nachbarn verkauft werden können. Die Handwerkswaren können in Benzin umgetauscht werden, das gebraucht wird, um mit Erntegeräten die Farm zu bestellen – bei größeren Farmen stellen diese Geräte eine große Zeitersparnis dar.
– *Farm Cash*: kann zum Erwerb besonderer Gegenstände eingesetzt werden und dient als Ersatz von Freunden. Materialien, die von Freunden geschickt werden können, können auch über Farm Cash erstanden werden. Ein Spieler bekommt bei einem Level-Up jeweils eine Einheit Farm Cash. Da jedoch bei einem Level von 100 im Normalfall eben nur hundert Einheiten Farm Cash erworben werden können, sind Freunde unabdingbar, solange nicht Farm Cash gekauft wird.

Über den Kauf von Farm Cash wird eine siebte Währung ins Spiel eingeführt – der Dollar –, die jedoch die symbolische Ebene des Spiels verlässt und einen Schnittpunkt zur Realität außerhalb des Spiels bildet. Kaufen Spieler Farm Cash, so können sie Gegenstände oder Tiere erwerben, die sonst nicht zugänglich sind. Diese bringen zum einen Erfahrungspunkte, zum anderen jedoch dienen sie zur Befriedigung der Sammelleidenschaft mancher Spieler. Es gibt knapp fünfhundert verschiedene Tiere im

Spiel – von der Kuh bis zum »Touristen Pinguin« –, die, so lässt es sich aus den Spielbenachrichtigungen erkennen, von einigen Spielern mit großer Leidenschaft gesammelt werden.

So stehen in *Farmville* zwei Belohnungssysteme nebeneinander: Zum einen das ökonomische System aus miteinander interagierenden Erfahrungspunkten, Meisterschaftspunkten und Münzen, das sich vor allem im Bereich des Ackerbaus vollzieht. Zum anderen der additive Bereich des Sammelns, der die Viehzucht betrifft und in dem ein Spieler, strebt er auch nur annähernd Vollständigkeit an, nur über den Kauf von Farm Cash erfolgreich sein kann. Der Kauf von Farm Cash ist dabei vom Spiel durchaus intendiert (Abb. 12), denn zwar ist das Spiel in seiner Basisversion »free to play«, finanziert sich aber über den Verkauf von Farm Cash.

Abb. 12 Bedienleiste in *Farmville*

Diese zwei nebeneinander stehenden Belohnungssysteme stellen keineswegs eine Singularität von *Farmville* dar. Auch in *World of Warcraft* findet sich ein solch zweigliedriges Belohnungssystem: eine ineinandergreifende Ökonomie von Erfahrungspunkten, Rufpunkten, Gold, Levelaufstieg und Rüstungswerten (nachdem das Höchstlevel erreicht ist, bemisst sich die Stufe eines Spielcharakters am Wert seiner Rüstung) und einer additiven Struktur von Erfolgen (Erkundung der Spielumgebung, Absolvieren von Dungeons, gesammelte Haus- und Reittiere, usw.). Wie in *Farmville* scheint dieses System zur Sicherung der Finanzierung des Spiels zu dienen. Denn da *World of Warcraft* über Abonnements von Spielzeit finanziert wird, können Spieler über das Erfolgssystem dazu angeregt werden, mehr Zeit mit dem Spiel zu verbringen. Solche additiven Strukturen haben den Vorteil, dass sie beliebig ausgebaut werden können (Warum nicht die Zahl der Tiere auf siebenhundert erhöhen?), womit das Ziel – die Vollständigkeit – immer weiter in die Zukunft verschoben wird.[24]

Temporale Involvierung: Zielvorgaben, Zyklen

Zielvorgaben – oder Zielangebote – involvieren die Spieler auch zeitlich. Sie können und sollen dazu beitragen, dass diese weiterspielen, dem Ziel entgegenstreben. Im Gegensatz zu den oben beschriebenen Spielen geben Singleplayer-Spiele den Spielenden oftmals eine direkte Zielvorgabe: »Finde das Scion!« (*Tomb Raider*), »Rette Prinzessin Toadstool!« (*Mario*-Serie), usw. Diese baut auf der zum Teil relativ einfachen Narration[25] der Spiele auf, die die Protagonisten (z.B. Mario und Prinzessin Toadstool) sowie den Konflikt (die Prinzessin ist von Donkeykong entführt worden) vorstellt und nun dessen Lösung anvisiert. Die temporale Involvierung in Narrationen, wie sie z.B. Ryan (2001) untersucht, bezieht sich dabei vor allem auf die durch die Erzählung hergestellte Spannung. Fragen wie »Wie geht es weiter?« oder »Wie geht es aus?« kennzeichnen die Tätigkeit des Mit- und Weiterdenkens der Leser oder Zuschauer, die temporal in eine Geschichte involviert sind (vgl. dazu auch Bordwell 1985). Ähnliche Fragen kann sich natürlich auch ein Spieler stellen, wenn er die relativ distanzierte Position eines Zuschauers einnimmt. Doch werden diese dann wahrscheinlich weniger die Geschichte als vielmehr das Sujet oder den Diskurs (die Erzählweise) der Narration betreffen: »Welche Lösungsmöglichkeiten und welchen Lösungsweg *bietet das Spiel* auf dem Weg zum Ziel *an*?« Aus der Position eines Spielers hingegen werden die Fragen eher lauten:

»Was kann ich als nächstes tun, und wie tue ich es?« (Vgl. Kap 4) Doch betreffen solche Fragen, unabhängig davon, ob sie aus der Position eines Zuschauers oder aus der eines Spielers gestellt werden, den zeitlichen Ablauf des Spiels, seine Chronologie.

Neben diesen chronologischen und zielgerichteten temporalen Strategien finden sich jedoch in Spielangeboten auch nichtgerichtete oder zirkuläre Zeitformen. Die *Grand-Theft-Auto*-Reihe z.B. hat seit *Vice City* (2002) auch dadurch Erfolg, dass sie den Spielern Handlungsangebote macht, die unterschiedlichen Temporalitäten unterliegen. Einerseits können die Spielenden den Missionen folgen – also auf ein Ende abzielen –, andererseits auch *cruisen* oder herumwandern und schauen, was sich so tut und was man noch so tun könnte in der virtuellen Welt. Dies ist der Haltung eines Flaneurs vergleichbar, der die Zeit vergisst. Ein Verlust des Zeitgefühls beim Surfen im Internet mag durch eine ähnliche temporale Involvierung bedingt sein. Es ist quasi ein Urlaubsangebot, das es ermöglicht, ohne Zeitdruck zu handeln.

Eine Grundfigur des Spiels ist die Wiederholung, die einem zirkulären Zeitmodell unterliegt. Es können sowohl einzelne Spielzüge wie auch ganze Spiele (leicht variiert) wiederholt werden. Zwar operieren einzelne Aufgaben und Quests in Computerspielen vielfach mit klaren Zielvorgaben, stellen aber als Ganzes Wiederholungen des fast immer Gleichen dar. Besonders deutlich wird dies z.B. im Online-Rollenspiel *World of Warcraft*, in dem der größte Teil der Quests im Töten von Monstern besteht. Das Level der Monster wächst mit dem Level des Spielcharakters, ihre Namen (von »Tollwütiger Terrorwolf« bis zu »Mondbestrahlte Eulenbestie«) wie auch die Gebiete, in denen sie gefunden werden, variieren, das Muster jedoch bleibt gleich. Wie die Überschaubarkeit der Aufgaben (vgl. oben) können solche Wiederholungen Sicherheit vermitteln – es wird nichts wirklich Überraschendes passieren.

Da Online-Spiele auf Persistenz (oder sogar Permanenz) angelegt sind, operieren sie mit wiederkehrenden Ereignissen. So finden sich in *World of Warcraft* neben einer Bezugnahme auf jährlich wiederkehrende Ereignisse wie die Sommersonnenwende, Weihnachten oder das chinesische Mondfest auch tägliche Quests, die auf regelmäßige Wiederkehr der Spielenden zum Spiel abzielen. Diese einer zirkulären Zeit unterliegenden Quests können nur einmal am Tag, aber jeden Tag von Neuem erledigt werden, um bestimmte Belohnungen – seien es Kochpreise, Embleme oder ein Rufzuwachs – zu sammeln. Wie das Zähneputzen in den Tagesablauf integriert ist, kann auch die tägliche Kochquest routinisiert in den Alltag und den Spielalltag eingefügt werden.

Diese zyklische Zeitstruktur findet sich besonders ausgeprägt in Simulations- und Strategiespielen, die mit einem ineinander verschränkten Ressourcenaufbau und -management arbeiten. Die Kreisläufe des Aufbaus und der Verarbeitung bedingen sich und greifen so ineinander, dass zwar einzelne Zyklen abgeschlossen werden können, diese jedoch immer wieder neue, darauf aufbauende Zyklen nach sich ziehen. Im Gegensatz zu den mit einer Zielvorgabe operierenden Spielen, die zumindest die Fiktion eines Endes aufrechterhalten, sind diese Spiele von ihrer zeitlichen Struktur her auf Unendlichkeit angelegt.

Die Erntezyklen in *Farmville* sind relativ schlicht, sie bestehen aus Säen und Ernten oder in der elaborierteren Form aus säen, ernten, dem Lagern und Verarbeiten der Ernte, dem Verkauf der Produkte, Umtausch des Erlöses in Benzin, das wieder zum Säen mit Maschinen verwendet wird. In Kombination mit der persistenten Welt bzw. einer weiterlaufenden Zeit jedoch schafft das Spiel ein relativ starkes temporales Involvierungsangebot. Denn in Abhängigkeit von dem, was angepflanzt wird, bestimmen die Spielenden selbst, wann sie wieder ins Spiel kommen müssen, um zu ernten. Die Pflanzen benötigen von zwei Stunden bis zu vier Tagen, um zu reifen – nachdem sie reif sind, verdorren sie. Hat ein Spieler also Erdbeeren, die vier Stunden benötigen, angepflanzt, spielt aber erst am nächsten Tag wieder, so wird er nur vertrocknete Pflanzen vorfinden, die keinen Ertrag mehr bringen. Diese temporale Organisation des Spiels zielt auf einen Gestaltschließungszwang ab, gekoppelt mit dem sogenannten Zeigarnik-Effekt, dem zufolge unerledigte Aufgaben leichter im Gedächtnis bleiben als abgeschlossene (Zeigarnik 1927). Dies bedeutet, dass mit dem Säen eine Handlung begonnen wurde, die mit dem Ernten abgeschlossen wird und auch so lange im Gedächtnis bleibt, bis sie abgeschlossen ist.

Betreffen die bis hierhin skizzierten Involvierungsstrategien vor allem die Handlungen im Computerspiel, so bilden die nachfolgenden drei Modi der Involvierung Möglichkeitsbedingungen dafür, dass im Computerspiel überhaupt gehandelt werden kann.

Sensomotorische Involvierung

Sensomotorische Techniken der Involvierung werden klassischerweise in der VR-Forschung untersucht. Diese Techniken und Strategien werden dort vor allem als die direkte Rückkoppelung von Hardware und ›Wetware‹ verstanden, d.h., die Forschungen betreffen die Taktilität und einen möglichst unvermittelten Zugang zu den Sinnen wie z.B. das Auslesen von Augenbewegungen. Hierzu werden unterschiedliche materielle Interfaces entwickelt, die die Schnittstelle zum Rechner bilden. Datenhandschuhe, -brillen und -anzüge, aber auch Tanzmatten gehören dazu. Bekanntlich gewöhnen sich Benutzer sehr schnell an materielle Extensionen ihrer Sinne, da der Fokus der Aufmerksamkeit auf deren Inhalt liegt und nicht auf dem Hilfsmittel oder dem Medium seiner Wahrnehmung (vgl. auch Schmidt 2005).

Sensomotorische Rückkoppelung und Involvierung des Körpers findet jedoch nicht nur in der Virtuellen Realität statt, sondern ist auch notwendiger Bestandteil von Computerspielen. Sensomotorische Rückkoppelung bei der Hand-Auge-Koordination, wie sie in jeder Computeranwendung, die mit einer Maus arbeitet, vorkommt, ist besonders in Geschicklichkeitsspielen wie Jump'n'Runs und Shootern ausgeprägt. Der Cursor, eine auf dem Monitor abgebildete Waffe, ein anderes Werkzeug oder ein Avatar bilden auf je spezifische Art und Weise Extensionen des Spielers oder der Spielerin, mit denen er oder sie spielerische Gesten ausführt (vgl. dazu Neitzel 2004; zur Theorie der Geste: Leroi-Gourhan 1988; Flusser 1994; Gebauer/Wulff 1998). Jürgen Fritz (1997) geht davon aus, dass die senomotorische Involvierung die Grundlage für andere Formen der Involvierung bildet. Nur wenn ein Spieler ein Spiel auch bedienen könne, sei es schließlich möglich, dieses Spiel auch zu spielen. Jedoch, so hat Serjoscha Wiemer (2006) herausgestellt, ist die Sensomotorik nur schwer von der Semantik zu trennen, denn man muss auch wissen, was eine Bewegung bedeutet.

Murray geht davon aus, dass das Erlernen der Bewegung in der digitalen Umgebung ebenso mit Freude verbunden ist, wie das Erlernen neuer Handlungsformen ganz allgemein Freude bereitet. Im Lernprozess wird ein Spieler bewusst die Bedienung und Bedeutung der Eingabegräte und der visuellen und auditiven Ausgaben lernen, bis diese zur Routine werden und vorbewusst ausgeführt werden können, so dass sie in sein Körperschema eingehen. Hier kann man von einer symbolisch vermittelten sensomotorischen Rückkoppelung sprechen, die vor allem über Techniken der audiovisuellen Darstellung hergestellt wird (vgl. auch Kap. 2).

Visuelle Involvierung

Die sensomotorische Involvierung ist, wie gesagt, in hohem Maße von der audiovisuellen Darstellung abhängig. Eine Technik, Distanz und Nähe zum Spiel zu regeln, ist dabei die Perspektive, unter der das Spielfeld, die Werkzeuge und der Avatar auf dem Monitor dargestellt werden.[26] So sind Techniken, die häufig genannt werden, um einen erhöhten Grad von Immersion zu beschreiben, etwa dreidimensionales Design und die First-Person-Perspektive (vgl. z.B. Heim 1998; McMahan 2003; Lahti 2003). Das Gefühl, an einem anderen Ort zu sein, werde durch diese Techniken verstärkt, was aber nicht bedeute, dass ein Spieler sich nicht in einem 2D-Spiel ›verlieren‹ könne. Frühe Spiele benutzten eine plane 2D-Oberfläche, um ein Spiel zu visualisieren, entweder als Aufsicht oder Ansicht. Alles, was im Spiel geschah, war auf dem Bildschirm abgebildet. Jay David Bolter und Richard Grusin (1999: 91) beschreiben diese Technik der Visualisierung als *opak*. Sie vermittelt nicht den Eindruck, dass man mit einer Welt hinter dem Monitor spielt, sondern mit dem Interface und den Objekten auf der Oberfläche. Der Eindruck, mit einer anderen Welt zu spielen, entstand langsam durch den Einsatz von Off-Screen-Raum, verschiedenen Tiefenebenen, die Imitation von Kamerabewegungen sowie durch die 3D-Grafik.[27] Hierdurch wurden die Interfaces, um noch einmal auf die Terminologie von Bolter und Grusin zurückzugreifen, *transparent*.

3D-Grafik lässt durch den Einsatz der Zentralperspektive eine Tiefenwirkung entstehen, die seit der Renaissance in der Malerei und später in technischen visuellen Medien wie der Fotografie und dem Film benutzt wurde, um den Eindruck einer dreidimensionalen Welt auf einer zweidimensionalen Ebene zu vermitteln. Diese Perspektive wurde so gängig, dass wir sie normalerweise als die ›natürliche‹ Art, Objekte wahrzunehmen, betrachten. Die Zentralperspektive, so kann man sagen, ist also eines der gängigsten Schemata im grafischen Design. Sie besitzt zwei wichtige Eigenschaften: zum einen den Fluchtpunkt, auf den alle Linien zulaufen, und zum zweiten den Blickpunkt eines Betrachters, mit dem der Fluchtpunkt korrespondiert. Die Zentralperspektive ist also eine Technik, die den Betrachter im Bild als Betrachter verankert. Im Computerspiel wird jedoch nicht nur der Blickpunkt eines Spielers im Bild verankert, sondern auch ein Aktionspunkt (Point of Action), wobei beide Punkte je nach Spiel unterschiedlich miteinander interagieren (vgl. Neitzel 2007).

So verschmilzt in 3D-Spielen, die die First-Person-Perspektive benutzen, der Blickpunkt (Point of View) des Betrachters mit dem Point of Action des Spielers. In diesen Spielen wird kein Avatar visualisiert. Der Point of Action in der Spielwelt wird lediglich durch eine Hand oder eine Waffe an der Unterseite des Bildschirms repräsentiert. Es gibt keine Visualisierung des Körpers, der zu dieser Hand gehört. Das Bild insinuiert vielmehr, dass sich der Körper, der zur Hand gehört, vor dem Monitor auf der Seite des Spielers befindet. Der Ort, an dem der Körper, der zur abgebildeten Hand gehört, imaginiert wird, ist gleichzeitig der Ort, an dem der Point of View situiert ist: vor dem Monitor, wo sich der Spieler befindet. Diese Art der Integration von Beobachtung und Aktion imitiert das Wahrnehmungs- und Aktionsschema des Menschen. Auch in diesem sind der Point of View (die Augen) und der Point of Action (zum Beispiel die Hände) eng gekoppelt, da sie zum gleichen Körper gehören.[28] Die Verschmelzung von Point of View und Point of Action stellt ein Kontinuum zwischen digitalem und materiellem Raum her. Es gibt keine vierte Wand, die die Diegese (vgl. Glossar) schließt. Stattdessen weitet diese Technik der Visualisierung sie in den materiellen Raum aus.

Durch diese visuelle Technik der Involvierung wird eine körperliche Anbindung ans Spiel hergestellt: In Spielen mit der First-Person-Perspektive wird kein Avatar, kein Anderer, der sieht oder handelt, abgebildet. Der Spieler weiß also nicht, wie der Avatar sieht, so dass ihm keine andere Wahl bleibt, als die eigene Sicht auf den Avatar zu projizieren. Der Spieler leiht also dem Avatar seinen Blick, der durch die Perspektive in die fiktive Spielwelt integriert wird. Da körperloses Sehen für Menschen nicht möglich ist (vgl. Sobchack 1992) und der Spieler der Einzige ist, der sieht, kann der Eindruck entstehen, dass auch der Körper des Spielers in die Diegese einbezogen wird. Und da ein Spieler seinen Rücken nicht sehen, jedoch fühlen kann, entsteht in First-Person-Shootern, in denen man in Bedrohungsszenarien handelt, möglicherweise das unangenehme Gefühl, auch von hinten angegriffen werden zu können. Der Spieler transferiert nicht nur seinen Blick auf den Avatar, sondern auch Teile seiner Körperwahrnehmung.

Ein imaginierter Avatar in Spielen aus einer First-Person-Perspektive ist weniger autonom als ein Avatar, der vollständig abgebildet wird. Der imaginierte Avatar ist abhängiger von den Vorstellungen eines Spielers. Ein abgebildeter Avatar hat zumindest ein Aussehen und kann allein deshalb als ein anderer angesehen werden (auch wenn dieser andere nicht komplett autonom ist). Spiele, die mit der Third-Person-Perspektive arbeiten, schließen die Diegese durch diese visuell.[29] Die Distanz zur virtuellen Welt wäre somit bei diesen Spielen größer.

Räumliche Involvierung

Räumliche Involvierung betrifft sowohl Aspekte der Raumorganisation der virtuellen Welt als auch die Verschränkung von materieller und virtueller Welt. Über den Avatar oder einen

Cursor und ein Hardware-Interface mit der Virtualität des Spiels verbunden, kann ein Spieler die Spielwelt als Ausweitung seines Handlungsraums begreifen, so dass eine Verschränkung stattfindet; räumliche, sensomotorische und visuelle Involvierung gehen eine starke Verbindung ein. In je unterschiedlichen Ausprägungsformen wird der Leib des Spielers in die virtuelle Realität oder die Spiele einbezogen, was nach Sybille Krämer (2003: 52) nur gelingen kann, »sofern sein leiblicher Körper auf einen Datenkörper abgebildet wird, welcher dabei als eine arbiträre, symbolische (Re-)Konstruktion von Blickwinkel und Bewegung des physischen Körpers agiert«. Die Ausprägungsformen dieser Datenkörper reichen von der Darstellung eines Icons auf dem Monitor, das als Extension eines Benutzers zur Manipulation der digitalen Abbildungen benutzt wird, über Computerspielcharaktere bis zu VR-Experimenten, die den Eindruck erwecken sollen, dass sich der ganze Körper innerhalb der Virtuellen Realität befindet.

In Bezug auf die Raumorganisation der virtuellen Welt und damit verbundene Involvierungsstrategien kann hier eine Differenzierung aufgegriffen werden, die Marie-Laure Ryan (2001: 121 ff.) in ihrer Untersuchung der räumlichen Immersion in der Literatur vornimmt. Ryan unterscheidet den »gelebten Raum« vom »rationalen Raum der Karte«. Der gelebte Raum sei gekennzeichnet durch eine dichte Beschreibung sowie das Gefühl, dass dieser Raum bewohnbar ist, der Körper sich in diesem Raum befindet. Der Raum der Karte hingegen sei rational und ortlos, durch relationale Beschreibungen charakterisiert. Damit spricht sie den einen fundamentalen Darstellungsmodus von Computerspielen seit den 1990er Jahren an. Denn Computerspiele sind gekennzeichnet durch die Kombination dieser beiden Arten von Räumlichkeit. Unabhängig vom Genre (eine Ausnahme bilden

Spiele, deren Handlungen in einem eng begrenzen Raum stattfinden wie z.B. Beat'em Ups) werden zur räumlichen Organisation von Computerspielen sowohl »gelebte Räume« als auch Karten benutzt. Zwischen den Genres lassen sich jedoch Unterschiede feststellen. So bewegt sich der Spieler in dreidimensionalen Spielen mit seinem Avatar vorrangig durch eine Spielwelt mit verschiedenen Orten, an denen je spezifische Handlungen ausgeführt werden, und kann sich den Spielraum so aus einer Innenperspektive durch die Handlungen erschließen (vgl. auch Kap. 4), hat aber immer eine Orientierungsmöglichkeit in der Karte. In Strategiespielen hingegen behandelt der Spieler vorrangig eine Welt, auf die eine Außensicht vorliegt. Diese schon kartenähnliche Ansicht wird ergänzt durch eine weitere Karte, die ein schnelles Hin- und Herspringen an die verschiedenen Stellen der Welt ermöglicht. Dichte Beschreibungen, die einen Raum lebendig erscheinen lassen, finden sich hier nicht. Sowohl das kartenähnlich dargestellte Territorium als auch die Minikarte dienen dem Ressourcenmanagement. Diese räumlichen Involvierungsstrategien eröffnen einen je anderen Umgang mit dem virtuellen Raum, er kann als Erlebnisraum fungieren oder als ein zu kontrollierender Verfügungsraum.

3.3 Ausblick: Emotionale Involvierung

Sensomotorische, visuelle sowie räumliche Involvierung betreffen vor allem den Status des Körpers des Spielers – über die verschiedenen Techniken wird ein Gefühl der körperlichen Anbindung ans Spiel oder der Distanz zum Spiel hergestellt. Unter diesen Distanz- bzw. Näheverhältnissen werden Handlungen vollzogen, die unterschiedlichen ökonomischen Systemen und Temporalitäten unterliegen.

Emotionale Involvierung hingegen wird traditionell eher als von der Imagination abhängig verstanden. Ermi und Mäyrä sowie Calleja ordnen emotionale Involvierung bzw. die Imagination auch der Emotion zu (vgl. die Tabelle oben). Ryan (2001) beschreibt emotionale Immersion als ein empathisches Mitfühlen mit dem Protagonisten eines Romans oder Films. Damit verwandt sind verschiedene Arten der Identifikation, wie sie z.B. Richard Dyer (1998: 18 f.) im Hinblick auf den Film als »emotional affinity«, »self-identification«, »imitation«, und »projection« beschreibt (vgl. auch Schmid 2006). Empathie oder Identifikation, ein Mitleiden oder Mitfühlen mit einer Figur, wird jedoch vor allem möglich durch die Unmöglichkeit des Eingreifens in das Geschehen im Film oder in anderen nicht-interaktiven Medien. Zuschauer identifizieren sich mit jemand anderem oder fühlen mit diesem anderen mit. Der Protagonist eines Computerspiels dient aber zumeist auch als Avatar des Spielers. Als Extension des Spielers ist er kein von diesem losgelöster anderer, sondern ein Werkzeug zur Behandlung der Spielwelt (vgl. oben). Um aber ein Werkzeug adäquat einsetzen zu können, bedarf es keiner emotionalen Beziehung, sondern vielmehr der Kenntnis seiner Funktionalität. Auch wäre es bei einer empathischen Bindung an den Avatar kaum einem Spieler möglich, mit dem häufigen Sterben des Avatars (und seiner permanenten Auferstehung) emotional umzugehen. Die Beziehung zwischen Spieler und Avatar wird also von anderen Emotionen begleitet sein als die emotionale Beziehung zu filmischen oder literarischen Figuren (vgl. auch Neitzel 2004).

So treten Empathie oder Identifikation mit dem Protagonisten eines Computerspiels nicht vorrangig während des tatsächlichen Spiels auf, sondern vor allem in den ein Spiel rahmenden Aktivitäten wie z.B. auf Fansites, in Chats oder auch in Look-alike-Contests, in denen die Figuren von den Handlungszwängen des Spiels frei sind. Auch bieten Spiele die Möglichkeit einer empathischen Involvierung über Non-Player-Characters, die vom Spieler eben nicht gesteuert werden können. Wenn sie leiden, kann der Spieler mitfühlen. Auch in Teilen des Spiels, in denen der Werkzeugcharakter des Avatars zurücktritt, kann der Spieler ein Mitgefühl mit ihm entwickeln (vgl. Kap. 4).

Wie bei den anderen Modi der Involvierung gibt es jedoch auch bei der emotionalen Involvierung Dimensionen, die nicht aus narrativen Medien abgeleitet werden können. Ein Beispiel dafür ist der Ärger (er stellt gleichzeitig eine Distanzierung dar), der entstehen kann, wenn ein Spieler eine Aufgabe auch nach noch so vielen Versuchen nicht lösen kann (und der Avatar z.B. immer wieder stirbt), oder der Ärger darüber, dass ein Spielstand verloren geht, weil der Spieler das Abspeichern vergessen hat bzw. der Computer abgestürzt ist. Kurz, Ärger darüber, dass eine Belohnung nicht erzielt werden kann oder verloren gegangen ist, dass Handlungen oder die Arbeit am Spiel keine Früchte tragen. Es kann – etwa in Online-Spielen – jedoch auch der Ärger über Mitspieler sein, die sich inkorrekt verhalten (der Versuch einer Aufzählung möglichen Fehlverhaltens wäre sinnlos).

Eine dem Ärger entgegengesetzte Emotion ist die Anhänglichkeit (vgl. Hennion 2011); die Anhänglichkeit an ein Spiel, das man gern und oft gespielt hat, aber auch die Anhänglichkeit an einen Spielcharakter, mit dem man viel Zeit verbracht hat und in den man viel Arbeit gesteckt oder die Anhänglichkeit an Mitspieler, mit denen man, im Sinne von Johan Huizinga (2009), eine verschworene Gemeinschaft bildet.

4. Erlebtes Handeln in Computerspielen

von Jochen Venus

Computerspiele scheinen sich alle älteren medialen Formen und Funktionen anverwandeln zu können. Mythische Motive und rituelle Praktiken finden sich in ihnen ebenso aktualisiert wie theatrale Rollenmuster, spielerische Herausforderungen und künstlerische Ambitionen. Die Formenrepertoires der modernen Unterhaltungsmedien, des Spielfilms, des Comics und der Popmusik, lassen sich in ihnen ebenso beobachten wie gestalterische Leerstellen und Eingriffsmöglichkeiten, die zu individuellen Formexperimenten einladen. Offenbar können Computerspiele alle nur denkbaren Bild-, Klang- und Textformen verarbeiten, alle nur denkbaren Spieltypen und stofflichen Sujets inszenieren und alle nur denkbaren medialen Informations-, Bildungs- und Unterhaltungsfunktionen bedienen.

Gleichwohl kann diese formale und funktionale Polyvalenz nicht alles sein, denn sonst würden wir mit dem Wort »Computerspiel« gar keine allgemeinen Vorstellungen verbinden. Es gibt ganz offenkundig so etwas wie *Familienähnlichkeiten* zwischen Computerspielen (im Sinne Ludwig Wittgensteins, vgl. Wennenberg 2011), d.h. Eigenschaften, die zwar nicht alle Computerspiele teilen müssen, die aber im Universum der Medienangebote ein Cluster von Eigenschaften des Computerspiels entstehen lassen. Manche dieser Familienähnlichkeiten sind prägnanter als andere und konstituieren im allgemeinen Cluster der Computerspiele Subcluster, die dann eigene Genrebezeichnungen erhalten können (vgl. Kap. 1). Und manche Familienähnlichkeiten lassen sich bei so überaus vielen Computerspielen beobachten, dass sich (im Unterschied zu anderen Clustern im Universum der Medienangebote, z.B. den Clustern »Spielfilm«, »fiktionale Literatur«, »Popmusik«) eine besondere Funktionalität des Computerspiels vermuten lässt, die für Produzenten und Rezipienten von Computerspielen gleichermaßen erwartungsprägend geworden ist, worum es sich bei einem Computerspiel ›im Allgemeinen‹ handelt. Diese besonders auffälligen Familienähnlichkeiten konstituieren zwar nicht das ›Wesen‹ des Computerspiels, wohl aber implizite Leitgesichtspunkte der Gestaltung, Verwendung und kritischen Beurteilung von Computerspielen.

In diesem Kapitel soll *ein* solcher Leitgesichtspunkt erläutert und hinsichtlich seiner analytischen Implikationen dargestellt werden. Computerspiele bringen in sehr vielen Fällen eine Darstellungsmöglichkeit zur Geltung, die in kaum einem anderen Medium realisiert wird und in keinem bisher entwickelten Medium so überzeugend verwirklicht worden ist: *die Darstellung erlebten Handelns*.

Was ist unter der *Darstellung erlebten Handelns* zu verstehen? Ähnlich wie die *erlebte Rede* in der epischen Literatur zwischen direkter und indirekter Rede, zwischen Monolog und Redebericht steht, so ermöglicht das Computerspiel die Darstellung und den Nachvollzug eines Handlungstyps, der zwischen direkter Tätigkeit, wie sie vom Handelnden selbst vollzogen und erlebt wird, und der Tätigkeit einer anderen Person, die von außen beobachtet werden kann, steht. Überaus viele Computerspiele vermitteln dem Spieler den Eindruck, er könne eine fiktionale Figur *zugleich verkörpern und ihr Handeln von außen, quasi unbeteiligt, betrachten* (welche Folgen dies für die Rezpientenbindung an das Computerspiel haben kann, entwickelt Kap. 3 dieses Bandes). Diese in der überwältigenden Mehrzahl von Actionspielen,

MMORPGs (vgl. Glossar), Adventure- und Strategiespielen auftauchende Darstellung erlebten Handelns gibt es in einer derartigen Prägnanz in keinem anderen Medium.[30] So wie die fiktionale Literatur durch das Stilmittel der erlebten Rede die Differenz zwischen den Perspektiven des impliziten Erzählers, des impliziten Lesers und der redenden Figur aufheben kann, so können Computerspiele durch ihre narrative und spielerische Formung erlebten Handelns die Differenz zwischen der Innen- und Außenperspektive des Handelns aufheben. Und ebenso wie die erlebte Rede in der Literatur die ›normale‹ perspektivische Ordnung unterläuft und eine Intellektualisierung und Ironisierung des narrativen Diskurses bewirkt (vgl. Vogt 1990: 169–174), so bewirkt die Computerspielform des erlebten Handelns eine uneigentliche Identifikation mit dem Tun und Lassen der gespielten Figur, allerdings mit einem bemerkenswerten Unterschied: Während im Stilmittel der erlebten Rede die narrative Verfügbarkeit über das sprachlich codierte Denken und Fühlen der Figur lediglich auf die Spitze getrieben und intensiviert wird, eröffnet das Computerspiel mit seiner Form des erlebten Handelns ein vollkommen neues Feld der Darstellung. Mit dieser Form können erstmals Handlungserlebnisse direkt kommuniziert werden; erstmals wird es zu einer direkt mitteilbaren Erfahrung, wie es ist, in einer spezifischen Situation ein Handelnder zu sein. *Mit dem Computerspiel kann das Handlungserleben medial zur Disposition gestellt werden!*

Im Folgenden soll die Darstellungsfunktion des erlebten Handelns an zwei Beispielen beschrieben werden. In einem zweiten Schritt folgt dann die Erörterung des medialen Dispositivs, welches das Darstellungsmedium erlebten Handelns konstituiert (zu den Steuerungsformen, die durch dieses Dispositiv möglich werden, vgl. Kap. 2). Sodann werden analytische Kategorien vorgestellt, mit deren Hilfe Figurationen und Sinneffekte erlebten Handelns in konkreten Computerspielen beschrieben werden können. Abschließend wird die analytische Reichweite des kategorialen Apparats erlebten Handelns problematisiert: Welchen Aufschluss gewinnt man aus der Perspektive erlebten Handelns über Computerspiele, die *nicht* avatarbasiert sind und auf den ersten Blick *kein* Handlungserleben zu kommunizieren scheinen?

4.1 Zwei Beispiele

Das Computerspiel *Max Payne 2: The Fall of Max Payne* aus dem Jahr 2003 ist der zweite Teil einer erfolgreichen Serie von Third-Person-Shooter-Spielen um den Titelhelden Max Payne, einen Polizei-Kommissar, der sich in der Welt des organisierten Verbrechens zu behaupten hat. Im Stil des *Film Noir* narrativ gerahmt, muss der Spieler seinen Avatar (vgl. Glossar) Max Payne durch eine Reihe von Levels führen, um sich den Fortschritt der Story zu erarbeiten und den Krimi-Plot zu verstehen. Zu Beginn, am Ende und in intermittierenden Cutscenes wird der narrative Verlauf der Handlung vorangetrieben. Dabei sind die Cutscenes teils in aneinander gereihten Comic-Panels, teils in quasi-filmischen Sequenzen der Spielgrafik ausgeführt.

Das Spiel beginnt mit einem inneren Monolog des Protagonisten, der visuell als Sequenz von Comic-Panels, auditiv durch einen Voice-Over-Kommentar der Protagonistenstimme, Satzfetzen anderer Charaktere und atmosphärische Geräusche versinnlicht wird und den Eindruck einer Stream-of-Consciousness-Ouvertüre erzeugt, in der Motive und Konflikte der im Spiel entfalteten Geschichte anklingen.

Aus diesem Prolog, in dem der Spieler noch keine Handlungsherausforderung erlebt, wird in die Spielsituation übergeleitet, indem die Sequenz der Comic-Panels durch eine kurze quasi-filmische Cutscene der Spielgrafik ersetzt wird, während der Voice-Over-Kommentar der Protagonistenstimme fortgesetzt wird: Durch den ›Kamerablick‹ werden wir durch die Flure eines Krankenhauses in ein Patientenzimmer geführt, in dem uns Max Payne, aus einem Koma erwachend, gezeigt wird. Das erste Bild der ersten spielbaren Sequenz zeigt uns dann unseren Avatar Max Payne in Rückenansicht, während sich im Bildhintergrund die Tür des Krankenzimmers auf einen Gang hin öffnet, wie zur Einladung, den virtuellen Raum, den das Spiel in diesem Level bietet, zu erkunden.

Die Spielaufgabe dieses ersten wie auch aller weiteren Levels des Spiels ist aus der Genrekonvention des Third-Person-Shooters, unter Umständen auch aus der Bekanntschaft mit dem Vorgänger des Spiels, *Max Payne*, bekannt: Wir müssen unsere Figur mittels geeigneter Eingaben derart durch den virtuellen Raum des Bildschirmbildes bewegen, dass wir die für den Spielfortschritt relevanten Passagen des Spielparcours finden und dabei Hindernisse und gegnerische Non-Player-Character (vgl. Glossar) überwinden, ohne selbst zu viele Treffer zu kassieren, die uns aus dem Spiel (und an den Anfang des jeweiligen Levels) zurückversetzen würden.

Der Prolog des Spiels hat uns mit dem psychischen und physischen Zustand unseres Avatars sowie mit seinem situativen Handlungsziel bekannt gemacht: Max Payne hat sich von den medizinischen Geräten, die ihn versorgt haben, frei gemacht und torkelt benommen, aber mit der festen Absicht, das Krankenhaus zu verlassen, aus dem Zimmer. Wir verstehen, dass wir diese Absicht durch unsere Spieleingaben verwirklichen sollen. Doch die erste Reaktion des Spielers ist keine identifikatorische. Wir fühlen nicht mit unserer Figur, sondern probieren zunächst unsere Steuerungsoptionen und damit ihren Handlungsspielraum aus. Wir bedienen die Eingabetasten des Controllers bzw. Maus und Tastatur und lernen, wie wir Max nach vorne, nach hinten, zur Seite laufen lassen können, wir lernen, wie er in die Hocke gehen und hüpfen kann, und wir erkunden, indem wir ihn steuern, das Krankenzimmer, öffnen Schränke, gehen ins Bad, bestaunen die Computergrafik, die den virtuellen Objekten des Raums eine durchaus überzeugende Physik verleiht. In dem virtuellen Raum des Bildschirmbildes reagieren Objekte auf unsere Aktionen mit einer konsistenten Gravitation, die sich auch akustisch, etwa durch quietschende Schranktüren und rumpelnde Stühle, bemerkbar macht. All diese Handlungserlebnisse, die wir in den ersten Sekunden des Spiels haben, sind einerseits ›unsere‹ Erlebnisse, andererseits die ›Erlebnisse‹ unseres Avatars. Zugleich stehen sie vollkommen disparat zum Identifikationsangebot mit der Erzählfigur Max Payne, wie es im Prolog entwickelt wird. Indem wir unseren Avatar hierhin und dorthin bewegen, um unsere Steuerungsmöglichkeiten auszuprobieren, indem wir ihn hocken und hüpfen lassen, sind wir nicht mehr mit dem benommenen, tragisch verstrickten Protagonisten einer Film-Noir-Story identifiziert, aber andererseits auch nicht außerhalb des Handlungsmotivs unseres Avatars.

Die eigentümliche Halbidentifikation des erlebten Handelns, die das Computerspiel anbietet, ist nirgends greifbarer als in den dokumentierten Spielsessions, die passionierte Computerspieler ins Internet stellen, um einem interessierten Publikum Spieletipps zu vermitteln bzw. die eigene Spielkompetenz auszustellen. Üblicherweise kommentieren diese Spieler ihre Sessions nach Art eines Thinking-Aloud-Tests (vgl. Ericsson/Simon 1980). Bei diesem lauten Denken, mit dem die Spieler ihre Sessions illustrieren und erläutern, fällt auf, dass auf die narrativen Motive und die fiktionale Psyche des Avatars kaum eingegangen wird, dass aber das Erlebte auch nicht in rein spielfunktionalen Termini verbalisiert wird. Der Avatar wird wechselnd als dritte Person und als erste Person, oft auch mit unklarem personellen Status, in einer Art schwebenden Intentionalität, als ›wir‹ beschrieben. Typisch sind Sätze, die zwischen einer ironischen Distanz zum Geschehen und einem Erleben in der ersten Person schweben; Sätze wie: »Ah, coole Grafik«, »Was finden wir denn hier?«, »Upps, da ist ja noch einer!« (angesichts eines unerwarteten Non-Player-Characters).[31] Typisch ist dabei die durchgängige situationale Aneignung des eigentlich situationsabstrakten Geschehens. Das Geschehen, das der Bildschirm zeigt und das der Spieler nach Maßgabe der Software manipulieren kann, findet nicht im Hier und Jetzt der physischen Körperlichkeit des Spielers statt, sondern ist und bleibt allgemein fiktional, der individuellen räumlichen und zeitlichen Bestimmtheit des Spielers perfekt entzogen. Gleichwohl beschreibt der Spieler sein Erleben und Handeln mit dem Avatar nach Maßgabe der fiktionalen Situation, als ob er wirklich in ihr stünde und mit der ganzen Autorität der ersten Person.

Die Logik des erlebten Handelns erschöpft sich aber nicht in dieser ironischen Halbidentifikation. Mit ihr lassen sich tatsächliche Erlebenszusammenhänge in eine allgemein kommunizierbare Form bringen, wie das zweite Beispiel illustrieren mag.

Die Spielserie *Grand Theft Auto* gilt heute als Klassiker der Computerspielgeschichte.[32] In grafisch immer ausgefeilterer und narrativ immer komplexerer Form rankt diese Serie sich um die Spielidee, zwei robuste Spielprinzipien zu verbinden, nämlich das Prinzip des Autoscooters, in dichtem Verkehr Fahrspaß zu genießen, und das Prinzip des Schießsports, unter Maßgabe bestimmter Regeln bewegliche und unbewegliche Ziele anzuvisieren und zu treffen. Das Prinzip des Autoscooters taucht in den Spielen der GTA-Reihe in Form urbaner Labyrinthe auf, in denen Autos in dichtem Verkehr von einem Punkt zum anderen zu steuern sind; das Prinzip des Schießsports taucht dagegen in

Form bewaffneter Auseinandersetzung mit KI-gesteuerten Spielfiguren auf. Verbunden werden beide Prinzipien in z.T. komplex ineinandergreifenden Missionen, in denen unser Avatar den Auftrag erhält, an bestimmten Orten der Karte, die mit geklauten Autos zu erreichen sind, narrativ motivierte *Shootouts* zu erledigen. Auf diese Weise kann der Spieler in der geschützten Situation vor dem Bildschirm am zwar harten und gesetzlosen, aber auch lustigen und intensiven Alltag klischeehaft überzeichneter Kleinkrimineller und Gangs (*GTA I* und *GTA II*), Mafiosi (*GTA III* und *GTA: Vice City*), afroamerikanischer Homeboys an der Westküste (*GTA: San Andreas*) und serbischer Immigranten an der Ostküste (*GTA IV*) teilnehmen.

Aber ähnlich wie in *Max Payne* ist die identifikatorische Besetzung der fiktionalen Welten und Figuren, die in den Spielen der GTA-Reihe angeboten werden, gebrochen. Immer wieder kommt es im Kontext unseres Spiel-Erlebens zu radikalen Brüchen mit der Fiktionalität, die uns narrativ angemutet wird. Der eskapistische Gebrauchswert der GTA-Reihe bleibt auf diese Weise eklatant hinter ihren populärkulturellen Vorbildern zurück. Die Erzählhandlung etwa von *GTA: San Andreas* spielt Anfang der 1990er Jahre und bezieht sich audiovisuell auf die Formensprache der zeitgenössischen Popkultur, insbesondere auf die Formensprache des Gangsta-Rap (Sprache, Aussehen und Bewegungsmuster der Figuren sind der zeitgenössischen Club- und Videokultur des Westcoast-HipHop nachempfunden, Protagonisten dieser Szene wie Ice-T, die als Voice Actor den Figuren klanglich Plastizität geben, produzieren die gewünschten Authentizitätseffekte). Mehr oder weniger offene Anspielungen auf Muster des Action-Kinos und des publikumswirksamen Milieudramas (z.B. *Boyz n the hood*, USA 1992; *Menace II Society*, USA 1993) sorgen außerdem für einen stabilen Interpretationsrahmen und entlasten das Spielgeschehen von aufwendiger Bild- und Geschehenshermeneutik. Vergleicht man die Spiele der GTA-Serie mit ihren populärkulturellen Quellen, erscheinen die GTA-Spiele als epigonal, wenn nicht sogar abgeschmackt.[33]

Die Form, die die GTA-Reihe zu einem so unangefochtenen Klassiker hat werden lassen, erwächst nicht aus den narrativen Rahmungen der immer gleichen Spielaufträge, sondern aus der darstellerischen Funktionalisierung des *erlebten Handelns*. Gerade dessen Verfremdungseffekt erzeugt in der Gesamtwahrnehmung des Spiels einen ganz eigenen Effekt. Dies lässt sich an *GTA: San Andreas* exemplarisch verdeutlichen.

Unser Avatar CJ, Carl Johnson, ein afroamerikanischer Kleinkrimineller, dessen Aufstieg zum millionenschweren Herrscher über den fiktiven US-Bundesstaat San Andreas wir in dem Spiel begleiten, er-fährt im Zuge der Spielmissionen peu à peu den Raum des gesamten Spielareals. In demselben Maß, in dem CJ die narrativen Konflikte löst, seinen Status in seinem Stadtviertel wiedergewinnt und am Schluss des Spiels seine Hauptwidersacher Big Smoke und Tenpenny besiegt, erarbeiten wir uns, die wir CJ steuern, Kenntnis und Verfügungsmacht über den Raum. Indem das Spielprinzip dazu herausfordert, verschiedene Orte in einem Labyrinth anzusteuern, bildet sich im Verlauf des Spiels eine immer intimere Kenntnis der Stadt und ihrer Viertel aus.

Das figurative Thema dieses erlebten Handelns, das Heimischwerden, wird in den Cutscenes zu Beginn des Spiels dreimal betont und damit dominant gesetzt: »After five years on the East Coast, it was time to come home.«, »Welcome home, Carl!«, »Grove Street. Home. At least it was before I fucked everything up.« Der letzte Trailer, der das Spiel im Oktober 2004 ankündigte, trägt den Titel *Homecoming* ebenso wie eine der letzten zu spielenden Missionen. Figurativ, so wird dem Spieler überdeutlich gemacht, bezieht sich das erlebte Handeln auf die Wiedergewinnung von Heimat, oder, milieuspezifisch formuliert, auf ein ›Reclaiming the Hood‹. Der Erfahrungstyp, der die gesamte Simulation integriert, das vom Spieler erlebte Handeln, welches dem Medienerlebnis seine unverwechselbare Gestalt verleiht, ist dabei die Genese einer mentalen Karte des virtuellen Raums.

Man hat es in *GTA: San Andreas* gleichsam mit einer ästhetischen Anwendung der Wahrnehmungsgeografie zu tun: Kevin Lynch, einer der einflussreichsten Vertreter dieser Disziplin, hat schon in den 1960er Jahren unter dem Begriff der *kognitiven Karte* die subjektive Aneignung des sozialen Raums systematisch untersucht: Demnach verstehen Leute ihre Umwelt geografisch auf der Basis von *Paths* (Straßen, Wege, Verkehrsverbindungen ganz allgemein), *Edges* (Mauern, Zäune, Küstenlinien, d.h. räumliche Grenzen), *Districts* (größere Einheiten, die nach Bebauung, Vegetation, sozialer Funktion unterschieden werden), *Nodes* (Kreuzungen, Bahnhöfe, Markthallen, Orte der Konjunktion verschiedener Rationalitäten) und *Landmarks* (Denkmale, Wahrzeichen, Orte, die einen hohen Symbolwert haben). Eine Detailanalyse der Selbsttätigkeitssimulation von *GTA: San Andreas* könnte anhand dieser Kategorien minutiös die Genese der spielerischen Aneignung der virtuellen Welt nachzeichnen.

GTA: San Andreas bietet mit seinem außerordentlich reichhaltigen Angebot von *Paths*, *Edges*, *Districts*, *Nodes* und *Landmarks* auf der Ebene simulierter Selbsttätigkeit an, das Heimischwerden in einer Megalopolis artifiziell nachzuvollziehen, und zwar in Form der hochgradig stilisierten Emergenz einer mentalen Karte. Das Stilprinzip dieser Emergenz drückt sich dabei in komplexen Symmetrien des Emergenzprozesses aus. Durch diese Symmetrien wird die Emergenz gleichsam ornamental gerahmt und dadurch prägnant ausgestellt.

Ornamental verschafft *GTA: San Andreas* der reflexiven Erfahrung geografischer Eingewöhnung dadurch eine feste Form, dass in den Raum- und Zeitdimensionen prägnante Symmetrien und Asymmetrien erlebt werden können, die mit der figurativen Selbsttätigkeitsreferenz, der Erarbeitung einer mentalen Karte, selbst nichts zu tun haben. Der Raum des fiktiven San Andreas wird durch ein Filialprinzip strukturiert: Orte spezifischer Spielfunktionalität, z.B. Waffenläden, Restaurants, Wettbüros und Ähnliches, sind seriell ausgeführt und in Form eines Netzes von Filialen über die Spielkarte verteilt. Auf diese Weise entstehen Kraftfelder der Spielkarte, räumliche Einzugsbereiche. Kontrastierend dazu ist die Zeit, in der das Spiel gespielt wird, durch ein Missionenprinzip strukturiert: Der Karrierefortschritt CJs vollzieht sich als eine Serie abzuarbeitender Spielherausforderungen. Indem die Missionen an spezifischen Orten gestartet und beendet werden müssen, man also gezwungen ist, sich seinen Weg durch das Stadtlabyrinth zu suchen, erfährt man zugleich die Kraftfeldstruktur des Filialprinzips. Wie nebenbei entdeckt man auf den Fahrten, die zu den Missionen gehören, die Orte spezifischer Spielfunktionalität, die man während der Missionen oder auch nach ihrem Abschluss aufsuchen kann. Man erinnert sich an diese Orte. An ihnen (und ihren visuellen Umgebungen) findet die Bildung der mentalen Karte Anknüpfungspunkte. Die Reflexivität der Selbsttätigkeit wird einerseits durch die comicartige Stilisierung der Bewegungsmuster und ihre audiovisuelle Repräsentation provoziert, andererseits und vor allem aber durch ihre sich aufsummierende Wiederholung. Der fiktive Bundesstaat San Andreas besteht aus drei Großstädten, Los Santos, San Fierro und Las Venturas, sowie ländlichen Gebieten und Wasserstraßen, die diese Städte trennen und verbinden. Das Spiel beginnt in Los Santos, und zunächst bildet sich der Spieler während der ersten Missionen eine mentale Karte von Los Santos. Narrativ motiviert, werden der Spieler und seine Figur nach etwa einem Drittel der zu bestehenden Missionen nach San Fierro versetzt – einer Stadt mit einer anderen städtischen Morphologie, aber demselben Filialnetz – und herausgefordert, wiederum durch eine Serie von Missionen, die in San Fierro zu bestehen sind. Das Gleiche wiederholt sich ein drittes Mal in der Stadt Las Venturas. Schließlich kehrt CJ für die letzten Missionen wieder nach Los Santos zurück. Der Kreis hat sich geschlossen. Am Ende des Spiels haben sich die mentalen Karten, die der Spieler sich von den drei Städten bilden konnte, zur gemeinsamen mentalen Karte des Staates San Andreas verbunden.

Diese ornamentale Betonung des Heimischwerdens in San Andreas durch das Filialprinzip, das Missionenprinzip und den dreigliedrigen aufsummierenden Kreislauf hebt das lebensweltlich bekannte Vorbild dessen, was *GTA: San Andreas* darstellt, den Aufbau einer kognitiven Karte, auf eine Ebene reflexiven Erlebens. Die Spielfunktionalität, die eskapistischen Offerten, der durchsichtige Plot: Das alles ist Mittel zum Zweck und für sich kein Grund, *GTA: San Andreas* besonders zu schätzen. Neuartig, staunenswert, ästhetisch komplex durchgeführt und damit ebenso kommentarbedürftig wie paradigmenfähig ist, dass *GTA: San Andreas* dem Spieler durch die stilisierte Form, in der hier im virtuellen Raum eine kognitive Karte emergiert, die allgemeine Form dieser Emergenz auf nichtsprachliche, sinnliche Weise vermittelt.

4.2 Das Dispositiv erlebten Handelns

Man kommt der Faszination von *GTA: San Andreas* und dem identifikatorisch eigentümlich schwebenden Mitvollzug der Film-Noir-Story von Max Payne auf die Spur, wenn man sich vergegenwärtigt, dass das Spielerische gar nicht das Innovationsmoment der Computerspiele darstellt. Geschicklichkeitsherausforderungen, Wettkämpfe und Rätselaufgaben sind nahezu kulturhistorische Universalien. Computerspiele hinsichtlich ihrer Spielprinzipien zu untersuchen nähme gerade nicht das Neue an ihnen in den Blick, sondern das Alte, dasjenige, worin sich Computerspiele von den Spielparadigmen, die ihnen vorausgegangen sind: Kampf-, Tanz- und Sportspiele, Brett- und Kartenspiele, Rätselbilder und Logeleien, nicht unterscheiden. Man kann die spezifischen medialen Potenziale des Computerspiels nur sehen, wenn man sie nicht zuerst in die Reihe der Spielparadigmen stellt, sondern in die Reihe der darstellenden Künste, in die Reihe der Bild-, Klang- und Textparadigmen.

In diesem Zusammenhang fällt das Neue der Computerspiele unmittelbar auf: Ältere Darstellungstypen wie die des Theaters und der Literatur, der bildenden Kunst und der Musik, aber auch die der massenmedialen Unterhaltungskünste Film, Radio, Comic, Fernsehen und Popmusik beruhen auf einer Aktivierung der Fernsinne und auf der kognitiven Beherrschung medialer Codes. Man muss sehen, hören und lesen können, um an der Kommunikation, die durch die Darstellungstypen vermittelt wird, teilzunehmen. Bilder kommunizieren Sichtbarkeit, sie bringen Sichtbarkeit als solche zur Geltung (zum Sonderstatus der Bildlichkeit *im* Computerspiel und zur Bildlichkeit *des* Computerspiels vgl. Kap. 5). Mediale Klänge bringen in diesem Sinn Hörbarkeit als solche zur Geltung. Musik zeigt uns, was für Stimmen und Stimmungen wir hören können. Texte schließlich bringen Verstehbarkeit als solche zur Geltung. Texte zeigen uns, was *wir* – die unscharf begrenzte Gruppe all jener, die wir mitmeinen, wenn wir von uns als mögliche Leser von Texten sprechen – wissen *könnten*. Computerspiele gehen über diese Möglichkeiten hinaus, indem sie nicht nur unsere Augen, Ohren und unseren Verstand ansprechen und unsere Möglichkeiten, etwas zu sehen, zu hören und zu verstehen, öffentlich machen.

Um den Spielherausforderungen, die sich auf den Computerspiel-Bildschirmen mitteilen, erfolgreich begegnen zu können, muss man an Tastatur und Maus, am Joypad (vgl. Glossar) oder an spielspezifischen Eingabegeräten wie Lenkrädern, Schwertern, Tanzmatten u.ä. bestimmte Tasten drücken, Analogregler schieben und drehen oder Bewegungssensoren aktivieren (vgl. Kap. 2). Und dies ist nicht nur eine spiel- und sporttypische Geschicklichkeitsfrage. Die Motorik bleibt nicht bei sich und ihrem sensomotorischen Bezugsfeld des Handelnden. Der motorische Vollzug wird im Rechner nach Maßgabe der zugrunde liegenden Software in eine bestimmte Audiovision übersetzt. Dadurch wird der motorische Vollzug am Eingabegerät nicht nur vom Handelnden als ein physischer Vorgang im situativen Hier und Jetzt gespürt und wahrgenommen; er erscheint auch als klanglich begleitete Form- oder Positionsänderung eines *situationsabstrakten Bildobjekts* oder einer *situationsabstrakten Bildperspektive*. Mit dem Ausdruck *situationsabstrakt* ist dabei gemeint, dass Bildobjekte und Bildperspektiven dem physischen Hier und Jetzt des handelnden Spielers perfekt entzogen sind. Das Bildobjekt ist kein Körper, der sich mit dem Körper des Spielenden in einem Raum gemeinsamer Anwesenheit befindet, und die Bildperspektive wird nicht durch die räumliche Position des Spielenden zum Bildschirm verändert, sondern einzig und allein durch das Bild selbst determiniert. Und weil Bildobjekte und Bildperspektiven situationsabstrakt sind, können sie auf vollkommen *identische* Weise auch in anderen Rezeptionssituationen gegenwärtig sein. Wenn zwei verschiedene Spieler an unterschiedlichen Orten und zu unterschiedlichen Zeiten *dasselbe* Spiel spielen, dann zeigen sich ihnen nach Maßgabe *derselben* Eingabeoptionen *dieselben* Bildobjekte, *dieselben* Bildperspektiven und *dieselben* virtuellen Handlungsvollzüge.

Da nun aber der motorische Vollzug, so wie er vom Spielenden leiblich gespürt wird, in die situationsabstrakte Form des wahrgenommenen Medienangebots eingeht, wird die sensomotorische Evidenz des Eingabeverhaltens und seiner audiovisuellen Effekte *Teil der medialen Situationsabstraktion*. Die Formen des Computerspiels verknüpfen besondere Bildräume und besondere performative Möglichkeiten derart miteinander, dass man meint, *im Bild selbst agieren* und *mit den Bildobjekten interagieren* zu können. Computerspiele erzeugen auf diese Weise Handlungserleben in einem Raum virtueller Anwesenheit. In dieser Form *erlebten Handelns* wird nicht allein die äußere, audiovisuell wahrnehmbare Form des Handelns in Szene gesetzt, wie dies in den performativen Bühnenkünsten und im Bewegungsbild des Films der Fall ist, sondern das Tätigkeitsempfinden selbst wird zum Gegenstand der Darstellung. Wenn Bilder Sichtbarkeit zur allgemeinen, öffentlichen Geltung bringen, wenn mediale Klangkünste Hörbarkeit zur allgemeinen, öffentlichen Geltung bringen, wenn Texte Verstehbarkeit zur allgemeinen, öffentlichen Geltung bringen – dann bringen Computerspiele Formen leiblich gespürten Handelns zur allgemeinen, öffentlichen Geltung. Diese Möglichkeit, per Computerspiel die leibliche Erfahrung zu kommunizieren, wie es ist, ein auf bestimmte Weise Handelnder zu sein, ist durchaus neu, und die Computerspielästhetik ist *in dieser Hinsicht* medienhistorisch beispiellos.

4.3 Kategorien erlebten Handelns

Medien, die zu Darstellungszwecken verwendet werden, haben offenbar das Potenzial, Aspekte subjektiven Erlebens – Sehen, Hören, Verstehen, zweckgerichtetes Handeln – öffentlich zur Disposition zu stellen. Allerdings gehört zur Aspekthaftigkeit medialer Darstellung auch, dass das subjektive Erleben nicht in seiner Integrität erfasst wird, sondern artifiziell in Dimensionen zerlegt wird, die im Erleben selbst eine gemeinsame Form ausmachen. Die Medien ›heilen‹ gleichsam diese unnatürliche Differenzierung des Erlebens, die mit ihrer Darstellung verbunden ist, indem sie eine forcierte Artifizialität der Darstellungsweise anstrengen. Indem Medien die Formen des Erlebens öffentlich machen, versuchen sie in aller Regel nicht, das Erleben selbst zu imitieren, vielmehr bekennen die Medien die Künstlichkeit ihrer Medialität zumeist offen ein. Illusionistische Medialität ist ein relativ seltener Ausnahmefall und offenbar keine Strategie, die dem Interesse, Erlebnisweisen öffentlich zur Disposition zu stellen, entgegenkommt.

Wenn etwa ein Porträtbild die Frontalansicht einer Person zeigt, dann ist in aller Regel ganz zweifelsfrei gewiss, dass die bildlich gezeigte Frontalansicht der Person nicht die Frontalansicht der Person *ist*, sondern diese lediglich *darstellt*. Die Über- oder Unterlebensgröße des Porträts, die sichtbare Flächigkeit des Bildträgers und die sichtbare, zumeist durch einen ornamentalen Rahmen deutlich ausgestellte Bildfeldgrenze lassen überhaupt keinen Zweifel aufkommen, dass wir es mit der *artifiziellen Präsenz* der Frontalansicht zu tun haben.[34]

Gleiches gilt auch für die artifizielle Präsenz des Handlungserlebens, die durch Computerspiele zur Geltung gebracht wird. Zwar ermöglichen Computerspiele durch die Form des erlebten Handelns, dass konkrete Spielerinnen und Spieler in dieselbe fiktionale Figur schlüpfen und durch ihr gleichsinniges motorisches Eingabeverhalten und dessen audiovisuelle Effektivität *dasselbe* Handlungserleben spüren, gleichwohl steht die Artifizialität des Handlungserlebens zu keiner Zeit infrage. Die W-Taste gedrückt zu halten, um den eigenen Avatar nach vorn laufen zu lassen, ist mit der Erfahrung wirklichen Laufens in keiner

Weise zu verwechseln. Aber gerade diese Künstlichkeit ist es, die uns davon überzeugt, dasselbe Handlungserleben wie jede andere Person zu haben, die im performativen Rahmen des Computerspiels genau diese Steuerungsoption verwirklicht.

Die offenkundige Künstlichkeit des erlebten Handelns im Computerspiel wird vor allem durch die Abstraktion von körperlichem Spüren und kognitiver Verantwortlichkeit erzeugt. Während wir in unserem tagtäglichen Handeln immer mit ›ganzem Körpereinsatz‹ dabei sind und demgemäß im Handeln ständig mit unserer Organlust und -unlust konfrontiert sind (indem wir z.B. nach einem schnellen Lauf außer Atem sind oder spüren, wie wir zu Kräften kommen, indem wir etwas essen), spielen solche organischen Empfindungen im erlebten Handeln des Computerspiels keine formkonstitutive Rolle. Außerdem ist unser tagtägliches Handeln in weitem Maß eingelassen in soziale Handlungszusammenhänge: Wir erfüllen mit unserem Handeln Erwartungen anderer bzw. handeln in der Erwartung, dass andere unser Handeln mit einer sinnvollen Ergänzung erwidern und es dadurch erst zum sinnvollen Abschluss kommt. In diesem sozialen Zusammenhang spielt die (moralische) Verantwortlichkeit eine zwar nicht dominante, aber alles durchdringende Rolle. Unser alltägliches Handeln unterliegt der sozialen Kontrolle, und wir nehmen mit und in unserem alltäglichen Handeln Teil an der sozialen Kontrolle. Sie ist ein wesentliches Moment unseres Gefühlslebens und begründet unsere Rührung und unsere Wut, unsere Freude und unsere Trauer, unsere Lust und unseren Ekel, unsere Angst und unsere Hoffnung, unseren Stolz und unsere Scham. Diese kognitive Verantwortung für unser Handeln spielt in der artifiziellen Präsenz des Handlungserlebens keine Rolle. Das Spiel gibt die narrativen Handlungsmotive vor und stellt dabei die Möglichkeit radikal verächtlichen Tuns geradezu kokett aus, und zwar insbesondere in Spielen, die einen moralisch integren und einen moralisch verächtlichen Handlungsverlauf als Option anbieten (wie z.B. die Spiele *Black and White*, *Bioshock* und *GTA IV*). Ohne den Kontext sozialer Verantwortlichkeit und seine Emotionen bildende Kraft zeigt sich das erlebte Handeln im Computerspiel auf eine ganz charakteristische Weise gefühlsmäßig *dünn*. Zwar werden der Handlungsstress und die spezifische Herausforderungsqualität eines vom Computerspiel geforderten Handlungstyps bewusst erlebt, die gefühlsmäßige moralische Bewertung unterbleibt jedoch. Die von Computerspielentwicklern häufig erwogene Herausforderung, ein moralisch und gefühlsmäßig engagierendes Spiel zu gestalten, lässt sich vor diesem Hintergrund präzisieren: Ist es möglich, dem gespielten Avatar einen derart differenziert konstruierten und differenziert reagierenden Non-Player-Character zur Seite zu stellen, dass eine fiktionale soziale Verbindlichkeit jenseits der narrativen Rahmung der Spielszenen entsteht? Wenn dies gelänge, würden sich nach Maßgabe dieses Verhältnisses auch sozial begründete Gefühle während des Spielens einstellen. Ein Spiel wie *Ico*, in dem unserem Avatar ein hilfs- und schutzbedürftiges Mädchen beigesellt ist, das in der Spielmechanik als Handicap und Elixier zugleich fungiert, hat auf einem zunächst noch recht rudimentären Niveau diesen Zusammenhang höchst eindrucksvoll bestätigt (vgl. Sorg/Heidbrink 2009: 94).

Die Abstraktion vom organischen Spüren und von der Alltagsverantwortung stellt eine Handlungsdimension ganz und gar ins Zentrum des erlebten Handelns, nämlich das Moment der reflexiven Verhaltenssteuerung. Wann immer wir handeln, verhalten wir uns nach Absichten. Die Absichten regulieren unser Tun. An dem einfachen, aber sehr effektiven Beispiel des Pflaumenkuchenbackens macht dies der Philosoph Sebastian Rödl deutlich:

»Da ich den Vorteig ansetze, weiß ich, daß ich einen Pflaumenkuchen backe. Ich weiß das, nicht indem ich beobachte, daß etwas vor sich geht, das unter diesen Begriff fällt, sondern indem ich mit diesem Begriff handle. Das sieht man daran, wie ich antworte, wenn mir jemand, dem ich sage, daß ich Pflaumenkuchen backe, vorhält, ›Du sagst, du backst Pflaumenkuchen? Aber du nimmst ja Schweineschmalz‹. Da sage ich nicht, ›Sieh an, ich habe mich geirrt. Ich backe gar keinen Pflaumenkuchen. Laß uns sehen, was ich tue. Vielleicht brate ich ein Kotelett‹. Sondern ich sage: ›Wie dumm von mir. Jetzt muß ich noch einmal von vorne anfangen. Oder vielleicht kann ich es noch retten und den Schmalz herausholen.‹ Da ich das sage, backe ich weiter Pflaumenkuchen.« (Rödl 2006)

Entscheidend ist nicht die Tatsache, dass man beim Pflaumenkuchenbacken beständig daran denkt, dass man einen Pflaumenkuchen backt, unsere Absichten regulieren unser Tun gleichsam latent und werden aktualisiert, wenn uns durch die Beobachtung anderer oder durch eine sonstige Irritation auffällt, dass unser Verhalten nicht mehr mit unseren Absichten konform ist.

Diese Dimension der Verhaltensregulierung ist es, die im erlebten Handeln des Computerspiels drastisch amplifiziert und zum Gegenstand der Darstellung gemacht wird. Demgegenüber bleibt die organische und emotionale Dimension unseres Handelns abgeschattet. Die Körperlichkeit des Handelns wird instrumentalisiert, indem wir den körperlichen Zustand unseres Avatars sehen und hören, aber nicht spüren können, während sich die Teilhabe unserer Urteilskraft am Handeln auf bloße Mustererkennung, Genrewissen und logische Berechnung reduziert findet.

Die spürbare Verhaltensregulation jedoch, die im Zentrum des erlebten Handelns steht, wird durch die Logik des jeweiligen Eingabegeräts auf grundsätzlich zwei Modi zurückgeführt: diskrete und kontinuierliche Steuerungsimpulse. Die Form der spürbaren Eingabe, die die spürbare Verhaltensregulierung des Avatars codiert, kann einerseits die diskrete Einmal-Betätigung eines

Schalters sein, der zwischen eindeutigen Aktivierungszuständen des Verhaltens diskriminiert (im einfachsten Fall: an/aus). Andererseits kann die Eingabe die kontinuierlich modifizierende Dauerbetätigung eines *Lenkers* sein, der Aktivierungszustände situativ dosieren und kontinuierlich verändern kann. Auf der Ebene der Hardware gibt es diesen Unterschied nicht, computertechnisch hat man es bei allen Vorgängen, die das Computerspiel betreffen, mit Schaltungen zu tun. Auf der Ebene der Phänomenologie erlebten Handelns ist dieser Unterschied allerdings in hohem Maße gestaltbildend.

Die Verhaltensregulierung, die in Computerspielen zur Darstellung gelangt, erscheint in Bezug auf das Handeln selbst in vier unterschiedlichen Momenten: der *Initiation*, der *Konduktion*, der *Interruption*, der *Abruption* und der *Finalisation* von Handlungen. Die *Initiation* einer Handlung markiert den Entschluss des Avatars, eine bestimmte Handlung in Angriff zu nehmen. Typischerweise sind Avatare in Computerspielen, anders als Non-Player-Character, nicht selbsttätig, sondern bewegen sich im virtuellen Raum nur, wenn diese Bewegung durch den Spieler explizit initiiert wird. Gleichwohl lässt sich der Fall denken, dass dies nicht der Fall sein könnte und ein selbsttätiger Avatar vom Spieler lediglich in der *Konduktion*, der Durchführung seines Verhaltens, gelenkt oder abgelenkt werden könnte. In gewissem Sinn ist dies der Fall bei Sozialsimulationen wie den *Sims*. Handlungsunterbrechungen und Handlungsabbrüche, *Interruptionen* und *Abruptionen*, gehen in vielen Spielen mit der Unterbrechung der fiktionalen Zeit sowie mit Zeitsprüngen einher. In diesem Sinn wird von Computerspielen in ganz massiver Weise die Reversibilität des Handelns betont (mit der entsprechenden Ambivalenz, dass das *erlebte Handeln*, das Computerspiele zeigen, sozusagen wiedergutmachungsoptimistisch und tendenziell risikoaffin ist). Der Handlungsabschluss zeigt sich in Computerspielen in der Notwendigkeit, die vom Spiel vorgesehene Ordnung hergestellt zu haben, auch wenn in dieser *Finalisation* kein wirkliches Herausforderungsmoment mehr liegt.

Auf der Basis dieser elementaren Bedienungs- und Steuerungskategorien lassen sich alle Handlungsvollzüge, die ein Computerspiel zu vollziehen erlaubt, in ihrer formalen Gestalt rekonstruieren. Am Beispiel des erlebten Handelns verschiedener Schießsysteme sei dies exemplarisch ausgeführt.

Die Schießsimulation in Shootern wird zumeist in Anlehnung an das realweltliche Vorbild des Zielfernrohrs mit Fadenkreuz als feinmotorische Adjustierung eines Zielpunkts ausgeführt. Nicht so in dem schon erwähnten *GTA: San Andreas*. In diesem Spiel wird das virtuelle Schießen diskretisiert. Durch einen Tastendruck wird ein Non-Player-Character ›automatisch‹ ins Visier genommen (dargestellt durch eine entsprechende Markierung dieser Figur im Bildfeld); solange die Taste gedrückt ist, bleibt die Figur im Visier. Weitere Tasten starten Attacken, die je nach der gewählten Waffe als kleine In-Game-Filme (vgl. Glossar) ausgeführt sind. Andere Tasten lassen das Visier zum nächsten im Bildfeld sichtbaren Non-Player-Character springen. Das Aiming System in *GTA: San Andreas* imitiert auf diese Weise weniger einen tatsächlichen Zielvorgang als vielmehr die Sakkadensprünge des natürlichen Blicks. Sehen können heißt in *GTA: San Andreas* schießen und treffen können. Durch diese Form, die die Tätigkeit des Zielens in der virtuellen Welt nicht wie der konventionelle Shooter zu einer relativ anspruchsvollen Herausforderung der Hand-Auge-Koordination macht, sondern zum Automatismus einer einfachen Tastendruckkombination, wird die Aufmerksamkeitsanforderung drastisch herabgesetzt. Zielen, schießen und treffen werden zu einer Selbstverständlichkeit. Die Rezeptionskapazitäten werden frei für eine ›entspanntere‹ Wahrnehmung der Details der virtuellen Handlungsumgebung.

4.4 Erlebtes Handeln in Computerspielen ohne Avatar

Tetris ist eines der erfolgreichsten Spiele der Computerspielgeschichte. Ursprünglich 1985 von dem russischen Informatiker Alexander Paschitnow entwickelt, hat es sich vor allem seit 1989 in der Version für den Nintendo Gameboy in das kulturelle Gedächtnis eingeschrieben. Heute existiert für die verschiedenen digitalen Plattformen vom Handy bis zum Internet eine große Anzahl von Klons und Varianten des Spiels.

Tetris ist kein avatarbasiertes Actionspiel, sondern ein virtuelles Puzzle-Spiel, in dem es darum geht, die nacheinander von oben in ein rechteckiges Bildfeld eintretenden und quasi zu Boden fallenden sogenannten Tetrominos (das sind geometrische Figuren, die aus vier zusammenhängenden Quadraten zusammengesetzt sind) so zu drehen und seitwärts nach links oder rechts zu bewegen, dass sie am Boden des Bildfeldes möglichst passgenau zueinander zu liegen kommen. Jede lückenlos geschlossene horizontale Reihe von Quadraten wird gelöscht und gibt diese Reihe des Bildfeldes wieder frei. Ziel des Spieles ist es, Lücken zu schließen und horizontale Reihen zum Verschwinden zu bringen und damit zu verhindern, dass sich die Tetrominos durch nicht geschlossene Reihen auftürmen. Je höher die Tetrominos sich auftürmen, desto kürzer ist die Frist, in der die Tetrominos gedreht und bewegt werden können. Haben sich die Tetrominos bis an den oberen Bildfeldrand aufgetürmt, hat der Spieler verloren.

Die Steuerung der Bildelemente ist denkbar einfach ausgeführt: Zwei Tasten sind für die Seitwärtsbewegung nach links und rechts zuständig, eine Taste reguliert die Drehbewegung der Tetrominos, die in Neunzig-Grad-Schritten erfolgt. Die Steuerungsaktivität beschränkt sich also auf die Selektion aus drei Tastenoptionen. Die am besten geeignete Passung der Tetrominos zu erkennen bereitet keine große Mühe. Die Koordinationsaufgabe, die *Tetris* stellt, ist in ihrer Simplizität also kaum zu überbieten. Auch auf der Ebene audiovisueller Geltungen bietet *Tetris* wenig Bemerkenswertes. Die Tetrominos sind visuell gleichsam formlos, sie sind gestalterisch allein durch ihre Spielfunktionalität bestimmt, die Bildfeldbegrenzungen erinnern – wenig originell – an Mauerwerk; die stereotypen Bewegungsmuster der Tetrominos bieten weder figurativ noch ornamental Anknüpfungspunkte für den kreativen Blick. Als Begleitsounds des Spiels stehen verschiedene höchst einfache Endlosmelodien zur Auswahl, die barocker Tanzmusik und russischen Volksliedern entlehnt sind. Der eigentümliche Reiz von *Tetris* lässt sich mithin weder durch die Spiellogik noch durch die audiovisuelle Implementierung des Spiels zureichend erklären.

Raumbildlich betrachtet allerdings ist an *Tetris* bemerkenswert, wie die Steuerungsimpulse ihre spürbare Geltung durch das situationsabstrakte Bildfeld und seine Veränderungen erhalten: Die Tetrominos können nicht über die Grenzen des Bildfeldes hinausbewegt werden, und die sich an der unteren Kante peu à peu auftürmenden nicht geschlossenen Tetrominoreihen lassen den Aktions-Zeit-Raum spürbar schrumpfen. Gelingt es dem Spieler, z.B. ein langgestrecktes Tetromino in eine vierzeilige Lücke so einzupassen, dass plötzlich vier Zeilen gefüllt sind, rauschen diese Zeilen aus dem Bildfeld heraus und es kommt zu einer momentanen, wiederum spürbaren Dekontraktion des Aktions-Zeit-Raums, die als Freiheitsgewinn erlebt wird.

Auf diese Weise konstituiert *Tetris* auf der Basis einer geradezu sedierend wirkenden Audiovisualität und einfachster Steuerungsaktivitäten das Raumbild eines sich wellenförmig kontrahierenden und dekontrahierenden Aktions-Zeit-Raums. Dies ist die spürbare Geltung des Computerspiels *Tetris*, die gerade wegen der äußerst verknappten Gestaltungsmittel, auf denen es beruht, ästhetisch außerordentlich überzeugend wirkt.

Das Handlungserleben, das durch *Tetris* dargestellt wird, das erfolgreiche Lenken der Puzzleteile und das Sich-Abarbeiten an der Form des Aktions-Zeit-Raums, hat keine konkrete Tätigkeits- und Akteursreferenz. Allenfalls auf einem recht hohen Abstraktionsniveau kann man davon sprechen, dass *Tetris* eine stilisierte Darstellung all jener Tätigkeiten ist, die mit der Kanalisierung selbstläufiger Prozesse zu tun haben, aber diese Referenz ist so offen, dass sie in der erlebten Handlung praktisch keine Rolle spielt. Gleichwohl zeigt sich, dass die analytische Perspektive des erlebten Handelns auch an einem Computerspiel ohne klare figurative Alltagsreferenzen des Handelns einen Geltungsaspekt aufschließen kann, der die Faszinationskraft des Spiels zu verstehen hilft.

5. Das Computerspiel als Bildmedium

von Thomas Hensel

5.1 Das Bild als Ferment des Computerspiels

Um den zahlreichen Aspekten des Computerspiels – seien es Narrativität und Audiovisualität, Interaktivität und Immersivität, Ergodizität (vgl. Glossar) oder Ludizität – und um seinen Möglichkeiten, alle diese Aspekte zu integrieren, gerecht werden zu können, bemühen sich die Game Studies gegenwärtig um vielfältige Zugangsweisen, die literaturwissenschaftliche und informationstheoretische Positionen ebenso wie pädagogische oder ökonomische Perspektiven zusammenführen. Gleichwohl fällt mit Blick auf die Forschungsliteratur die Zurückhaltung auf, mit der einem weiteren Aspekt des Computerspiels kaum Rechnung getragen wird: seiner Bildlichkeit oder Ikonizität. Ursachen dafür lassen sich viele ausmachen. Sie liegen zum einen in der Tradition der Medienwissenschaft, in deren Domäne das Computerspiel gewöhnlich fällt, und zum anderen in der Bewertung des Computerspiels als digitales, interaktives Medium begründet: Wie auch in anderen Kultur- und Geisteswissenschaften, in Film- und Fernsehwissenschaft beispielsweise, herrschte in einer literaturwissenschaftlich geprägten Medienwissenschaft bis in die 1990er Jahre hinein die »semiologisch-strukturalistische Maxime« (Krämer/Bredekamp 2003: 11) vor, nach der Kultur als Text verstanden werden sollte. Noch im Schatten des *linguistic turn* etabliert, suchten die jungen Game Studies ihren Gegenstand dementsprechend primär unter Gesichtspunkten der Narration zu interpretieren und betrachteten die Bildlichkeit des Computerspiels bestenfalls als Illustration von originär textuellen Sinnbezügen.[35] Eine Medienwissenschaft, die sich daneben in Anlehnung an die Ingenieurwissenschaften etablieren konnte, befragte das Computerspiel alternativ auf seine technisch-apparativen Entstehungs- und Möglichkeitsbedingungen hin und war ebenfalls nicht am Bild als einem ›weichen‹ Oberflächenphänomen interessiert.[36] Ein dritter Grund für die Blindheit der Game Studies gegenüber dem Computerspielbild mag schließlich darin zu sehen sein, dass das lange Zeit vorherrschende Konzept von Medien als Einzelmedien heute offenbar nicht mehr zu überzeugen vermag. Angesichts einer allfälligen Hybridisierung von Medien und eines sich weiter und tiefer vernetzenden Mediensystems sind in dieser Perspektive sogenannte Einzelmedien wie das Computerspiel im Begriff, ihre traditionelle Einheit als Gegenstand der Medienwissenschaft zu verlieren (vgl. z.B. Leschke 2010). Demnach würde mit einer Orientierung am Einzelmedium Computerspiel auch die Frage nach einem spezifischen Computerspielbild obsolet werden.

Betrachtet man andererseits die Würdigung des Computerspiels als digitales, interaktives Medium, dann fallen nicht selten Klischees auf: In einer gängigen Deutung wird das Computerspielbild als Epiphänomen gestiegener Rechenleistung verstanden (vgl. etwa Newman 2002) und simplifizierend in die Geschichte eines Fortschritts »von einer ursprünglich abstrakten Darstellung zu einer immer konkreteren Simulation von Realitätseindrücken« (Felzmann 2010: 199)[37] eingeschrieben. Damit geht eine unter umgekehrtem Vorzeichen stehende Argumentation einher, welche die Ikonizität des Computerspiels gegen seine Interaktivität ausspielt und als ein Handicap gering schätzt. So formuliert etwa Daniel Cermak-Sassenrath:

»Die Erfahrung mit Computerspielen weist [...] darauf hin, daß eine realitätsnahe (etwa graphische) Darstellung keine Voraussetzung und kein Ersatz für Spiel ist und dafür noch nicht einmal in allen Fällen hilfreich. [...] Entscheidend für das Erlebnis des Computerspielers scheint in erster Linie das zu sein, was er tun kann und was passiert; die Darstellung ist [...] nicht unwichtig, aber deutlich zweitrangig [...]. Interaktivität ist weder eine Frage der Computergraphik noch einer realistischen Abbildung der Welt. Es geht bei Interaktion um die Vermittlung von Handlungsmöglichkeiten gegenüber dem *user*, und realistische Graphik ist dafür keine Voraussetzung [...]. Die Graphik hat die Interaktivität nicht bedingt; umgekehrt war das Streben nach photorealistischer Abbildung lange Zeit ein Hindernis auf dem Weg zu Interaktivität [...].« (Cermak-Sassenrath 2010: 315 ff.)

Mit derselben Stoßrichtung, aber apodiktischer formulieren eher ludologisch orientierte Autoren wie etwa James Newman: »when playing videogames, appearances do not matter« (Newman 2002) – oder polemischer Markku Eskelinen, der einer Fokussierung auf das Bild wohl ebenso wie jener auf die Narration eine klare Absage erteilen würde: »[S]tories are just uninteresting ornaments or gift-wrappings to games, and laying any emphasis on studying these kinds of marketing tools is just a waste of time and energy. It's no wonder gaming mechanisms are suffering from slow or even lethargic states of development, as they are constantly and intentionally confused with narrative or dramatic or cinematic mechanisms.« (Eskelinen 2001)

Der dieser Ablehnung des Bildes zugrunde liegende Schematismus tritt deutlich zutage, wenn man ein prominentes historisches Paradigma der Medienwissenschaft betrachtet, die sogenannte Interaktivitäts-Matrix (Abb. 13) (vgl. Halbach 1994: 173). Hier erscheinen Bilder, etwa Gemälde oder Plastiken, als veritable Antipoden der Videospiele, mithin als etwas, das hinsichtlich seiner »Interaktivität« und »Lebendigkeit« gleichsam auf einer niedrigeren Entwicklungsstufe stehengeblieben ist.

Lebendigkeit									
+			Gibsons „Simstim"					Gibsons „Cyber-space"	?
	3-D Film in odorama	Planetarium	Heiligs „Sensorama"						
		3-D Film							
		Film	HDTV						„Goggles, Gloves, & Headphones"
			TV	Teleshop & TED	Pay-TV	Video	interaktives TV	Videokonferenz	„Goggles & Gloves"
			CD				Karaoke		Video-Spiele
	Dias	Viewmaster			Voicemail				
	Plastiken	Fotografie			Anrufbeantworter		Telephon	Telephon-Konferenz	CB Funk
	Gemälde				FAX				
	Bücher	Zeitung	Briefe	dpa Ticker	Email	BBS	UNIX „Talk"	elektr. Konferenzen in Echtzeit	MUD
−					Telegraphie		Turings Imitationsspiel		
	−				Interaktivität				+

Abb. 13 Interaktivitäts-Matrix

Es ist vielfach versucht worden, diesen Gemeinplatz zu widerlegen, indem auf andere Konnotationen des Begriffs hingewiesen wurde: nicht auf physische oder physikalische Interaktion, sondern auf die Aktivität des Kognitionsaktes. So moniert etwa Lev Manovich die mit der Fixierung auf physische Interaktion einhergehende Verkürzung des Konzepts und gibt zu bedenken, dass »[d]ie gesamte klassische und um so mehr die moderne Kunst [...] bereits ›interaktiv‹ [war], da sie einen Zuschauer voraussetzte, der fehlende Informationen (beispielsweise Ellipsen in der literarischen Erzählung, fehlende Teile eines Gegenstands in der modernen Malerei) ergänzte und seine Augen (die Komposition in der Malerei und im Film) oder seinen ganzen Körper (für die Wahrnehmung von Skulptur und Architektur) bewegen mußte. Die interaktive Computerkunst versteht ›Interaktion‹ wörtlich, indem sie diese auf Kosten der psychischen Interaktion mit einer rein physikalischen Interaktion zwischen einem Benutzer und einem Kunstwerk (das Drücken eines Knopfes) gleichsetzt.« (Manovich 1997: 125 f.)[38]

Selbstverständlich ließe sich dieser Argumentation umgekehrt ein mangelndes Verständnis des Interaktivitätskonzepts vorwerfen: Argumentiert die Interaktivitäts-Matrix im Falle von Tafelbildern mit dem Fehlen physikalischer Interaktivität, so betonen Kritiker dieser Auffassung wie Manovich einseitig lediglich die psychische Interaktivität. Tatsächlich kann sogar ein Tafelbild interaktiv nicht nur im psychischen, in einem die Wahrnehmung des Betrachters aktivierenden Sinne sein, sondern auch in einem physikalischen (vgl., mit Beispiel, Hensel 2011b). Ein Denken des Bildes, wie es in der Interaktivitäts-Matrix ausgestellt ist, greift also zu kurz.

Wenn im Folgenden mit Blick auf Computerspiele von Bildern die Rede ist – unter ›Bild‹ können dabei sämtliche ikonischen Artefakte vom Gemälde bis zum interaktiven Simulationsbild verstanden werden –, dann weniger unter dem Gesichtspunkt ihrer Raumhaltigkeit und Perspektivität als zweier ihrer wesentlichen Eigenschaften (vgl. Wolf 2001a; Rumbke 2005; Stockburger 2006; Schwingeler 2008; Günzel z.B. 2009, 2010; Walz 2010), sondern in Bezug auf ein drittes Merkmal, das insbesondere künstlerischen Bildern zugesprochen wird. Diese kennzeichnet nämlich laut Arthur C. Danto, dass sie sich »auf ›etwas‹ [beziehen], aber [...] zugleich die Mittel, mit denen sie sich darauf beziehen [, thematisieren]« (Danto 1993: 204). Auf die Anerkennung dieser »ikonischen Differenz« (Boehm 1994: 29)[39] oder Doppelkodierung des Bildes, d.h. der »Doppelung der Referenz in einen Außen- und einen Selbstbezug« (Prange 2010: 125; vgl. auch Marin 2004), kann sich die Kunstgeschichte spätestens seit Victor I. Stoichitas Studie *Das selbstbewußte Bild* (Stoichita 1998) einigen. Und sie ist auch Ausgangspunkt neuerer Untersuchungen der Game Studies (vgl. Neitzel 2008; Rapp 2008).[40] Vor diesem Hintergrund medialer Selbstreferenz sind die nachfolgenden Ausführungen zu verstehen: Wenn es gelingt, ein Computerspiel jenseits seiner Bestimmung als bloße Inszenierungsweise digitaler Information und diesseits einer Würdigung von Raum und Perspektive nicht nur als ein Bildmedium zu beschreiben, sondern eben auch als ein *künstlerisches* Bildmedium, das seine eigene Bildlichkeit ausstellt und reflektiert, dann ließe sich das analytische Instrumentarium der Game Studies um ein weiteres Verfahren ergänzen: das einer Ikonologie, die sich als ein Werkzeug zur Untersuchung von Formen, Inhalten und Performanzen bildlicher Phänomene unterschiedlichster Medialitäten versteht (vgl. Schmitz 2000). Dabei soll das Computerspiel keineswegs den für andere Bildmedien entwickelten Paradigmen unterworfen werden – vielmehr handelt es sich um einen Versuch, aus der Perspektive des Bildes zwischen den Polen Narratologie und Ludologie (vgl. Glossar) zu vermitteln[41] und Aussagen über Eigenschaften des Computerspiels im Allgemeinen zu treffen. Eine Pointe dieses Ansatzes ist es, dass das Medium Bild die Spielherausforderungen entgegen dem gängigen Klischee nicht nur konturiert und kontextualisiert, sprich *rahmt* (vgl. Mersch 2008a: 33), sondern vielmehr das Bild selbst die Spielherausforderung *ist*.

5.2 Das Computerspiel als Handlungsform des Bildes

Eine Beschäftigung mit dem Computerspielbild setzt zunächst voraus, den prinzipiellen Status des sogenannten digitalen Bildes zu klären.[42] Dessen Codebasiertheit, welche die Differenz von Bild, Schrift und Zahl unterläuft und es auf der Ebene seiner Maschinenlesbarkeit bedeutungsindifferent sein lässt, wirft die Frage auf, wie sich codierte Bilder von traditionellen Bildformen unterscheiden – zumal sich, wie oben mit Blick auf die Interaktivitäts-Matrix bereits angedeutet, mehr Gemeinsamkeiten ergeben als gemeinhin angenommen. Nachdem in der Medienwissenschaft der ontologische Status digitaler Bilder grundlegend problematisiert und ihre Existenz unter den Verdacht eines »unangebrachte[n] Essentialismus« (Pias 2003: 50; vgl. auch Kittler 1993 oder Hagen 2002) gestellt worden ist, hat sich in jüngster Vergangenheit eine Sichtweise etabliert, die diese gleichsam ikonoklastische Position durch ein Konzept des »doppelten Bildes« (Nake 2005) abfedert: »Es sieht so aus, als würde das digitale Bild eine Doppelexistenz führen, zum einen als Bildschirmerscheinung und zum anderen als Zeichensatz. Das heißt, dass man auf zwei ganz verschiedenen Ebenen Zugriff auf dasselbe Bild hat. Die Erscheinung und die Speicherung des Bildes fallen auseinander. Sie haben eine Doppelnatur [...].« (Grube 2006: 186 f.)[43]

Demnach ist das digitale oder Computerbild »immer zugleich binärer Code und Bildschirmerscheinung« (Wenzel 2003: 639), setzt sich aus einer manipulierbaren, maschinenlesbaren Unterfläche und einer sichtbaren Oberfläche zusammen. Letztere ist notwendig, insofern die Interaktivität des operativen, digitalen Bildes als ihre Möglichkeitsbedingung eine grafische, als Bild adressierbare Benutzeroberfläche voraussetzt, durch die hindurch eine komplexe technische Struktur allererst steuerbar wird.[44] Daraus ergibt sich nicht zuletzt, dass digitale Bilder, wie bereits angedeutet, auch in der Tradition nicht-digitaler Bilder zu verstehen sind, denn sie

»präsentieren sich dem Betrachter gegenüber zuallererst als sichtbare Ereignisse und sprechen damit dieselben Wahrnehmungsbedingungen des Betrachters an, die auch für das traditionelle Bild von Bedeutung sind. Im Unterschied zu weiten Teilen der medientheoretischen Debatte müssen deshalb die sichtbaren Artikulationsformen der codierten Bildinformationen, d.h. die sichtbaren Oberflächen der [...] digitalen Bilder zur Sprache kommen, die in der direkten Kontinuität zu denjenigen der traditionellen Bilder stehen. Kurz gesagt: Auch die technisch avancierten Verfahren sind durch eine Bildlichkeit [...] im traditionellen Sinne geprägt, wenn Bildsignale und Codierungen – in welcher Form auch immer – in eine medial konkretisierte Sichtbarkeit überführt werden.« (Spies 2007: 156)

Gerade die Ikonizität des digitalen Bildes und damit auch des Computerspiels wird unhintergehbar, sobald man ein wesentliches Desiderat der Game Studies ernst nimmt: deren »Hinwendung zum bis dato immer noch stark vernachlässigten Handlungsbegriff« (Neitzel/Nohr 2010: 431). Will man das Computerspiel als eine »Handlungsform« (ebd.) begreifen, dann drängt sich mehr noch als die räumliche seine zeitliche Dimension in den Vordergrund. So schlagen Dominic Arsenault und Bernard Perron unter Verweis auf Letztere vor, das Bild des *magischen Zirkels* durch das einer *magischen Spirale* zu ersetzen: »We should not forget that the temporal dimension of gameplay prevails on its spatial characterization. Therefore, the figure of the circle should make us think about an ongoing process more than an enclosed space. It is much more relevant to conceptualize the cognitive frame of gameplay as a cycle: the magic cycle.« (Arsenault/Perron 2009: 113)

Der in Rede stehende Prozess des Gameplay wird üblicherweise aus einer spielerzentrierten Perspektive gedacht: Ein Computerspiel sei interaktiv in dem Sinne, dass ein Spieler agiert und das Spiel auf diesen Input reagiert (vgl. Arsenault/Perron 2009: 119). Ausgehend von Tom Heatons Differenzierung des Gameplay in »units of interaction« (Heaton 2006) setzen Arsenault und Perron dem Konzept einseitiger Kausalität das Modell einer auf Wechselseitigkeit basierenden Reaktionskette (»chain of reactions«) entgegen, in der sowohl Spieler wie auch Spiel aufeinander reagieren. Im Unterschied zu jenem traditionellen spielerzentrierten Modell ist dieses spieler- *und* spielzentriert – was Arsenault und Perron veranlasst, »Interaktivität« konsequent durch das Konzept »Inter(re)aktivität« zu ersetzen:[45]

»But we would argue that a video game is rather a chain of reactions. The player does not act so much as he reacts to what the game presents to him, and similarly, the game reacts to his input. If the player stumbles upon a blocked door, he can react by looking around, with the game reacting to the manipulation of the joystick by panning the virtual camera around; if he sees a crowbar on the floor, he can again react by picking it up and smashing the door. The entire game system and the events have been programmed and are fixed, and the designer has tried to predict the gamer's reactions to these events and develop the game (in part through artificial intelligence programming) to react in turn to some of the gamer's reactions. While we are not arguing here for a change of terminology, this temporal divide between the authorial figure and the gamer would place the video game more along the way of *inter(re)activity* than *interactivity*. Consequently, our model could be said to be as much gameplay-centric as gamer-centric.« (Arsenault/Perron 2009: 119 f.)

Bemerkenswerterweise billigen die Autoren, indem sie Inter(re)aktivität als eine Art Konversation betrachten, dem Spiel den »first turn to ›speak‹ (its primordial speech)« (Arsenault/Perron 2009: 120) zu und laden es derart mit Handlungspotenzialen,

Wirkungsmacht, Aktivität auf. Davon ausgehend soll im Folgenden eine ebenfalls spieler- *und* spielzentrierte Perspektive entwickelt werden, in der beide, Spieler und vor allem das Spiel indessen nicht mehr nur als *reagierend*, sondern mehr noch als *agierend* verstanden werden können.

Die Bedeutung der Bildlichkeit als eines das Computerspiel konstituierenden Merkmals – verstanden als eine aktive, agierende Handlungsform – lässt sich durch einen Rekurs auf die für die Game Studies fruchtbar gemachte Handlungstheorie des Literatur- und Kommunikationstheoretikers Kenneth Burke (vgl. Venus 2007) aufweisen: Laut Burke sind fünf sogenannte »motives« notwendige und hinreichende Bedingungen einer jeden Handlung: a) Handlungsvollzug (*act*), b) situative Umstände der Handlung (*scene*), c) Handlungsträger (*agent*), d) Handlungsmittel (*agency*) und e) Handlungsabsicht (*purpose*). Diese Beweggründe können für jede Handlung völlig unterschiedlich interpretiert werden, müssen aber bei jeder Handlung sämtlich vorliegen:

»Men may violently disagree about the purposes behind a given act, or about the character of the person who did it, or how he did it, or in what kind of situation he acted; or they may even insist upon totally different words to name the act itself. But be that as it may, any complete statement about motives will offer some kind of answers to these five questions: what was done (act), when or where it was done (scene), who did it (agent), how he did it (agency), and why (purpose).« (Burke 1969, xv).

Mag man Bildlichkeit intuitiv lediglich dem Beweggrund *scene* zuordnen, lassen sich tatsächlich doch ausnahmslos alle fünf Systemstellen durch das Bild besetzen,[46] was im Folgenden stellvertretend für zahlreiche Spiele an *Echochrome II* demonstriert werden soll. Hierbei handelt es sich um ein Puzzlespiel, in dem mittels des Move-Controllers der Playstation, der wie eine Taschenlampe benutzt wird, Schatten, die im Raum schwebende Bauklötzchen auf eine Wand werfen, so geformt werden müssen, dass der Charakter, der sogenannte Cast, auf jenen Schatten laufend seinen Weg zu einem Ausgang finden kann.

Bei *Echochrome II* lässt sich (a) als *Vollzug* das Manipulieren des *Schattenbildes* betrachten. Die (b) *situativen Umstände* dieses Spiels mit einem Bild sind als *White Cube* adressierbar, der spätestens seit der Moderne als programmatische Projektionsfläche für Bilder angesehen wird. Bildtheoretisch gesprochen handelt es sich dabei um eine in die dritte Dimension erweiterte *Tabula rasa*, die in der Kunstgeschichte für die Potenzialität aller denkbaren Bilder steht (vgl. Wagner 2004). Der (c) *Handlungsträger* scheint prima facie allein mit dem Spieler identifizierbar, der mittels des Move-Controllers wie mit einer Taschenlampe agiert. Ein Blick auf den Trailer von *Echochrome II* legt indessen nahe, auch den Cast selbst als Handlungsträger zu verstehen. Hier wird der Cast – repräsentiert durch eine Gliederpuppe, wie sie bildende Künstler als Modell verwenden – mit dem Spieler assoziiert: In der Animation nämlich sind Cast und Controller zuerst in gleicher Größe nebeneinander gestellt, was dazu führt, dass ihre morphologische Ähnlichkeit ins Auge fällt und der Cast gleich dem Controller als Werkzeug interpretiert wird. Dann aber geht der Cast selbstbewegt einige Schritte auf den Betrachter zu und ergreift eigenmächtig den Move-Controller, wodurch er zu einem *Alter Ego* des Spielers wird (Abb. 14).[47]

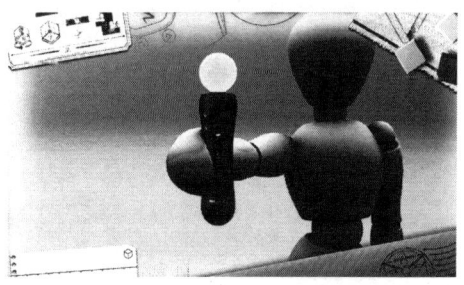

Abb. 14 Official *Echochrome II* E3 video game trailer PlayStation Move, Still

Deutlich wird dies in einer der folgenden Einstellungen, in welcher das Spielprinzip mittels des Cast erklärt wird: Er nämlich ist es, der anstelle des Spielers den Move-Controller hält und mit ihm einen Bauklotz ›anstrahlt‹, dessen Schattenbild er so zu manipulieren vermag. Eine Interpretation, die den Cast mit dem Spieler identifiziert, legt zum einen die Bedeutung des Wortes »Cast« als Rollenfigur oder Abklatsch nahe, zum anderen und wichtiger noch aber ein Bild, das sich ebenfalls in besagtem Trailer findet. Angeschnitten am unteren Rand, lässt sich eine stilisierte Paraphrase des berühmten und durch Leonardo da Vinci popularisierten sogenannten *homo vitruvianus* ausmachen, eines in einen Kreis und ein Quadrat eingerückten Menschen, der die Analogie von Mikro- und Makrokosmos ausdrückt (vgl. Zöllner 1987) – übertragen auf *Echochrome II* die Entsprechung von Spielwelt und Spielerwelt (Abb. 14). So ist es nur konsequent, dass das Schattenbild des Cast keinen innerdiegetischen Referenten hat – anders als die anderen Schattenbilder, die von besagten im Raum schwebenden Bauklötzchen geworfen werden; zu Beginn einer jeden Spielrunde auf einer Schaukel in den Spielraum hinabgelassen, ist das Bild des Cast ein *Abklatsch* des Spielers selbst. Das (d) *Handlungsmittel* von Cast (im Trailer) und Spieler ist erstens der eine Taschenlampe simulierende

Move-Controller und zweitens das Computerspielbild selbst. Letzteres besteht einerseits aus der an eine Assemblage im Schwebezustand erinnernden *Komposition* der Bausteine im *White Cube*, die mittels des Controllers so ›angestrahlt‹ werden müssen, dass ihr Schatten eine bestimmte Form annimmt, andererseits aus dem so entstehenden Schattenbild, das dem Spieler so lange ein Feedback gibt, bis dieser es schließlich zu einem Bild/Parcours zu formen vermocht hat, der es dem Cast/Spieler ermöglicht, an sein Ziel zu gelangen. (e) *Handlungsabsicht* ist es damit, dem Cast durch die Generierung jenes ans Ziel führenden Parcours das Verlassen des *White Cube* zu ermöglichen; ein weiterer Zweck ist darüber hinaus die Schöpfung der sogenannten »*Shadow Art*«, eigentümlicher figuraler Schattenbilder, die in stilisierter Form unter anderem einen Smiley (»Happy Face«) oder eine Schlange (»Snake«) nachbilden (Abb. 15).

Schattenbild, Tabula, Abklatsch, Komposition, »*Shadow Art*«: Im Falle von *Echochrome II* vermögen jene Modalitäten von Bildlichkeit im Rahmen einer handlungstheoretischen Annäherung an das Computerspiel sämtliche Systemstellen des Burke'schen Konzepts zu besetzen[48] – der Anspruch des Bildes, nicht nur ästhetische Zutat, sondern ein Ferment des Computerspiels zu sein (vgl. zur Begrifflichkeit in allgemein kulturhistorischer Perspektive Bredekamp 2010: 32), hat damit sein Manifest gefunden.

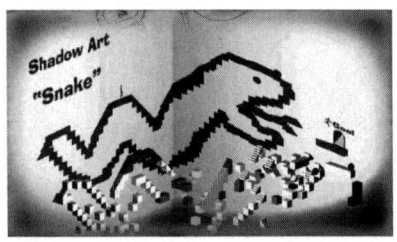

Abb. 15 Official *Echochrome II* E3 video game trailer PlayStation Move, Still

Echochrome II erweist sich also als hochgradig selbstreflexiv, insofern es seine Bildlichkeit ins Spiel bringt und in einem *White Cube* als grundlegend für seine Medialität regelrecht ausstellt. Dabei ist signifikant, dass diese Bildlichkeit tief in Kunstgeschichte und Kunsttheorie wurzelt. Bereits der eingangs erwähnte kategoriale Status des digitalen Bildes als doppeltes Bild gründet auf Leon Battista Albertis paradigmatischer Definition des Bildes: zum einen nämlich Schnitt durch den Sehkegel respektive die Sehpyramide zu sein, der das Bild als mathematisch konstruierbar denken lässt (Unterfläche), zum anderen als *finestra aperta* zu fungieren, dessen Rahmen ikonische Differenz und dadurch die Medialität der Bildkonstruktion erst eigentlich feststellt (Oberfläche). Auch die wichtigste Figur des Computerspiels, der Avatar (vgl. Glossar), in unserem Beispiel verkörpert im Cast, lässt sich gleichsam »von der Seite her« (Mersch 2008b: 305) über den Umweg der Kunsttheorie fassen. De facto nämlich spielt das ontologisch verunsichernde Schattenspiel von *Echochrome II*, auf dessen mythologische Sättigung bereits sein Titel deutet, nicht nur auf Platons Höhlengleichnis, sondern auch auf eine der bedeutsamsten antiken Ursprungslegenden des Bildes an: auf die Geschichte des korinthischen Töpfers Butades, dessen Tochter die Schatten ihres scheidenden Geliebten auf einer Wand mit Linien nachgezeichnet haben soll, worauf ihr Vater diesen Umriss mit Ton aufgefüllt und dergestalt ein plastisches Abbild geschaffen habe. Mit diesem Mythos findet der Avatar in seiner ontologischen Uneindeutigkeit, der Paradoxie einer »doppelten Adressierung [...] als einem in und außerhalb der Diegese Handelnden« (Neitzel 2008: 152),[49] in der am Schatten aufzuweisenden Dialektik von »Anwesenheit seiner Projektion« und »Abwesenheit des Körpers« (Stoichita 1999: 7) seine Blaupause.[50] Auch lässt sich die bildtheoretische Paradoxie des Mythos, die Gestaltwerdung einer Umrisszeichnung oder das Umschlagen des Flächenbilds in ein

Raumbild (vgl. Hensel 2009: 162 f.), unmittelbar zur Kennzeichnung des per definitionem zwischen (zweidimensionaler) Spielwelt und (dreidimensionaler) Spielerwelt stehenden Avatars heranziehen. Dass *Echochrome II* den Status des Avatars reflektiert, hat bereits der Trailer demonstriert, wenn hier der Cast, wie beschrieben, sowohl als Werkzeug des Spielers wie auch als Stellvertreter des Spielers vorgestellt wird. Auch ist die Paradoxie des Cast, auf einer Schaukel schwebend als Schattenbild ohne Ursprung in den *White Cube* hineingesenkt zu sein, innerhalb des Spiels nach keiner Seite hin auflösbar und gibt gerade dadurch etwas vom Verhältnis Spieler/Avatar preis. Tatsächlich also, so lässt sich festhalten, verdanken sich strukturelle Konstituenten von *Echochrome II* einer reflektierten Auseinandersetzung mit den Strukturmerkmalen bildkünstlerischer Werke, mit Bildtheoremen aus Kunstgeschichte und -theorie, und es steht zu vermuten, dass dies auch für andere Computerspiele zutrifft.[51]

5.3 Das Computerspiel als doppelter Bildakt

Versucht man, vor diesem Horizont die Eigenart des Computerspielbildes zu bestimmen, so hilft der Umweg über das Computerbild. Im Unterschied etwa zum Bildschirm- oder zum filmischen Bewegungsbild ist dieses, wie oben bemerkt, ein errechnetes und lässt sich in Echtzeit interaktiv manipulieren. Es ist damit ein Spezifikum der Bildlichkeit im Rechner, dass diese weniger repräsentationalistisch als vielmehr performativ zu verstehen ist: »In hypertexts all kinds of signs become programmable as icons, i.e. as signifiers, which at the pragmatic level produce, with a mouse-click, a connection to what they designate that is no longer merely symbolic, but real.« (Sandbothe 2005: 162)

Das Computerbild ist demgemäß sichtbare Manifestation eines digitalen, operativen Codes, der die Trennung von Ausführung (Aktion) und Darstellung (Repräsentation) unterläuft. Man *vollzieht* etwas im Gebrauch dieser Bilder, die sich damit als Bildakte erweisen (vgl. Bredekamp 2010) – in Analogie zu John L. Austins (1962) Theorie der Sprechakte (vgl. auch Hensel 2002).[52] Austin unterschied zwischen konstativen und performativen Äußerungen, die er »Sprechakte« nannte (Austin 2002).[53] Eine konstative Äußerung ist eine deskriptive Aussage, mit der eine Feststellung getroffen wird; eine performative Äußerung hingegen stellt nichts fest, sondern ist der faktische Vollzug eben jener Objekte und Handlungen, die sie bezeichnet – sie »konstituiert, was sie konstatiert« (Krämer/Stahlhut 2001: 37). In der performativen Äußerung wird somit die vertraute Unterscheidung zwischen Darstellungsmittel und Dargestelltem, zwischen Wort – oder Bild – und Sache außer Kraft gesetzt. Wie das Computerbild ist auch das Computerspielbild ein Bildakt, sozusagen ein momenthaft erspieltes Bild, das nur im Augenblick seines Vollzugs existiert (vgl. Bausch/Jörissen 2005).

Wie unterscheidet sich nun das Computerspielbild vom Computerbild? Da das Computerspielbild eine Untermenge der Computerbilder bildet, ist es ebenfalls ein doppeltes Bild. Darüber hinaus aber ermöglicht das Computerspielbild einen doppelten inter(re)aktiven Bildakt: einen Bildakt, der sich im Sinne Mike Sandbothes im Zusammenspiel von Unter- und Oberfläche ereignet, und einen solchen, der allein auf der Oberfläche stattfindet. Während der erstgenannte, wie bereits erläutert, als Spezifikum des Computerbildes generell (und nur des Computerbildes) angesprochen werden muss, ist der Bildakt auf der Oberfläche auch anderen Bildern eigen (denen wiederum keine Unterfläche im Sinne einer manipulierbaren, maschinenlesbaren eignet), vornehmlich solchen der bildenden Kunst (vgl. Bredekamp 2010). In *Echochrome*

II besteht dieser Bildakt darin, dass der Cast nicht auf den vermeintlich im Raum schwebenden dreidimensionalen Bauelementen läuft, sondern auf deren zweidimensionalem Schattenbild, das für ihn zu einer handfesten, tragfähigen Basis wird. Das Schattenbild konstituiert mithin das, was es konstatiert, einen betretbaren Parcours.

Solche Bildakte auf der Oberfläche oder »kulturellen Ebene« (Manovich 2002: 46) lassen sich in etlichen anderen Computerspielen und deren Paratexten finden. So entpuppt sich in *Braid* das als Puzzleteil fungierende zweidimensionale Bild einer Tischplatte als dreidimensionales Parcourselement. In *The Legend of Zelda: Ocarina of Time* ist es ein Gegner, der aus einem Gemälde herauszureiten vermag, und in *Crush* eine ›gemalte‹ Kugel, die beim Umschalten von der 2D- in die 3D-Ansicht aus ihrem Gemälde herausrollt. In einer langen transmedialen Motivtradition stehend, tritt in *Cryostasis. Sleep of Reason* eine Filmfigur aus einer Kinoleinwand heraus, um leibhaftig zu werden; und umgekehrt entgrenzt im Trailer von *Anno 1404* die virtuelle Kamera ein Tafelbild, durch das sie wie durch ein Alberti'sches Fenster hindurchfliegt, um in die dahinter liegende lebendige Natur einzutauchen. In *Resident Evil 4* schließlich, um ein letztes der zahllosen Beispiele zu nennen, wird eine steinerne Statue wie die elfenbeinerne Schöpfung Pygmalions lebendig oder zerspringt eine zweidimensionale, gemalte Weinflasche auf einem Stillleben paradoxerweise in gläserne Scherben, sobald der Spieler auf sie schießt (vgl. Hensel 2011b, 2012). Gerade das letztgenannte Beispiel macht deutlich, dass besagte Bildakte sich auch in und durch andere bildkünstlerische Medien realisieren lassen (vgl. Hensel 2002): Eine ›unmögliche‹, von einer Leinwand realiter heruntergenommene Weinflasche findet sich ebenfalls im frühen Animationsfilm (James Stuart Blackton [Edison], *The Enchanted Drawing*, 1900; vgl. Crafton 1993: 52f.; Nead 2007: 94f.). Und in verwandter Manier lässt René Magritte in der Malerei (*Le bon sens*, 1945) ein Tableau zu einem Tablett werden, *auf* oder *in* dem die Bildobjekte, eine Porzellanschale mit Obst, in Realobjekte rückübersetzt scheinen (vgl. Konersmann 1991: 19 und ebd., Abb. 8). Implizit an Austin anknüpfend nannte Michel Foucault diese künstlerische Strategie eine »List«, die darin bestehe, »ein Bild mit dem zu vermengen, was es darstellen soll« (Foucault 1997: 47). Bildakte auf der »kulturellen Ebene« finden sich also auch, aber nicht nur im Computerspiel. Die besondere Eigenschaft des Computerspiels aber macht es aus, dass dieser Typ Bildakt mit jenem erstgenannten, kulturelle und algorithmische Ebene miteinander verschaltenden Bildakt zusammenkommen kann, der Inter(re)aktivität in Echtzeit erlaubt und somit jedes Gameplay erst eigentlich ermöglicht.

Das Computerspielbild *kann* ein doppelter Bildakt sein – und unterscheidet sich darin von allen anderen Bildformen, seien sie errechnet oder nicht –, muss dies aber nicht. So existieren Computerspiele, die auf ihrer Oberfläche frei von Bildakten sind, kann ein solcher Bildakt doch – wenn nicht wie bei *Echochrome II* oder den anderen aufgeführten Beispielen zum Spielprinzip selbst erhoben – eine störende Irritation des Gameplay bedeuten, indem er Repräsentation und Präsentation verschränkt. Tatsächlich treten Bildakte auf der Oberfläche des Computerspiels immer dann auf, wenn dieses selbstreflexiv oder opak wird (vgl. zum Konzept der Opazität Marin 2004 und zu dessen Übertragung auf das Computerspiel Hensel 2011b), sprich seine Bildlichkeit als eine seiner Bedingungen bildlich thematisiert.[54] Bildreflexive Computerspiele wie *Echochrome II* stellen damit die ikonische Differenz ihrer (Oberflächen-)Bilder aus und dürfen nicht zuletzt deshalb als »zehnte Kunst« apostrophiert werden (Le Diberder/Le Diberder, zit. n. Mersch 2008a: 19).[55] Insofern lässt sich *Echochrome II* exemplarisch als ein Spiel zwischen Darstellung und Selbstbewusstsein der Darstellung verstehen, in dem die Problematisierung der Repräsentation selbst zu einem produktiven Moment der Darstellung erhoben wird. Das Computerspiel zeichnet sich auf diese Weise nicht nur durch seine Narrativität oder Ludizität aus, sondern auch und gerade durch seine Ikonizität, die jene anderen Eigenschaften von Fall zu Fall in sich zu integrieren vermag. Das Bild sollte deshalb nicht nur als eine Funktion des Narrativen oder Ludischen verstanden werden, sondern umgekehrt das Narrative oder Ludische auch als eine Funktion des Bildes. Nicht nur wird das Bild gespielt – das Bild spielt auch. In dieser Perspektive gilt es, das Computerspiel als ein theoretisches Objekt zu würdigen, dessen Thema auch und gerade das Bild ist.

6. Störungen des Computerspielens

von Philipp Bojahr

Steigt in einem Vorgang die Anzahl der an ihm beteiligten Elemente, so steigt auch seine Anfälligkeit gegenüber Störungen – allein schon, weil jedes neue Element durch die Möglichkeit seines Versagens mindestens eine Fehlerquelle hinzufügt. Ein hochkomplexer Prozess wie das Spielen eines Computerspiels sieht sich dementsprechend häufig mit Störfällen konfrontiert. Die verschiedenen Spielarten der Störung, vom Absturz bis zum Cheat (vgl. Glossar), sind dabei ein weites Feld, dessen Analyse einen beachtlichen Anteil an der theoretischen Annäherung an das Medium Computerspiel hat. Denn gerade im Zustand der Störung offenbart sich das Wesen eines Mediums: »In ihren Unfällen wird die Medialiät von Medien sichtbar: als Filmriß oder zerkratztes Magnettonband, als fotochemischer Entwicklungsfehler oder mangelnde Synchronie zweier Geräte.« (Kümmel/ Schüttpelz 2003: 10) Die Störung erfährt auf diese Weise – denkt man an ihre sonst eher negative Konnotation – eine ungemeine Aufwertung, da sie nicht mehr nur als ein unliebsamer Unfall betrachtet wird, sondern – als Bedingung der Analyse von Medialität gedacht – einen entscheidenden Erkenntnisgewinn ermöglicht. Ein Beispiel für die Fruchtbarmachung dieses Ansatzes ist Peter Geimers (2002) Analyse der Störfälle in der Fotografie. Darüber hinaus kann die Störung als Triebfeder der Kreativität wirken oder sogar – in ihrer gesteigerten Form – als Zerstörung produktiv sein, wie etwa Horst Bredekamp (2000) am Beispiel des Petersdoms aufzeigt, indem er dessen Baugeschichte entlang von historischen Störungsprozessen verfolgt und so die Entstehung gleichsam als Abrissgeschichte schreiben kann.

Dass diese Anschauungsweisen auch für das Medium Computerspiel Gültigkeit besitzen, haben auf Fallbeispiele zugeschnittene Ansätze aus dem Feld der Game Studies bereits gezeigt.[56] Insbesondere die Untersuchung der vier Momente der »Gamic Action« von Alexander Galloway (vgl. 2006: 1-38) erweist sich in zweierlei Hinsicht als ertragreich, da der Autor in seiner breit angelegten Analyse des Computerspielens nicht nur auch auf explizite Störfälle eingeht, sondern seine Beschreibungen stets in ein zweiachsiges Schema eingliedert.

In diesem Kapitel wird eine solche Vorgehensweise nun dezidiert auf die Störungen des Computerspielens angewandt, indem diese ebenfalls entlang von zwei Dimensionen kategorisiert werden. Zunächst wird der Prozess des Spielens als ein Zusammenwirken von zwei Systemen aufgearbeitet, wodurch Störungen nach ihrer Herkunft geordnet können. Die Herkunft, oder Provenienz, bildet die erste Dimension des Schemas, der in einem weiteren Schritt der Grad der Intention, welcher offensichtliche Unfälle von komplexeren Störungsdynamiken unterscheidet, als zweite Dimension zur Seite gestellt wird.

6.1 Systeme des Computerspielens

Die Vielschichtigkeit des Computerspiels – sowohl des Mediums (Hardware/Software etc.) als auch der theoretischen Annährungen (von Fragestellungen der Informatik bis zur Ludologie/Narratologie-Debatte) – wirft zunächst die Frage auf, wo genau Störungen denn auftreten können, und lässt so deren Verortung im Spiel als eine zentrale Problemstellung erscheinen. Die räumliche Konnotation der Verortung ist dabei allerdings mit Vorsicht zu behandeln, weil sie die Möglichkeit einer genauen Lokalisierbarkeit suggeriert und so die Bezugnahme auf die räumliche Metapher des »magic circle« nahelegt, die der Kulturhistoriker und Spieletheoretiker Johan Huizinga beschrieben hat. Denn die von ihm geprägte Idee der »Absteckung eines geweihten Flecks« (Huizinga 1956: 26) zur Abgrenzung von Spiel und Umgebung wurde gerade in den Game Studies wieder verstärkt aufgegriffen.[57] Eine Einordnung im Sinne eines Verweises auf eine klar umgrenzte Stelle würde jedoch dem Wesen der Störung nicht gerecht werden, da sie in ihrer Plötzlichkeit und Unvorhersehbarkeit räumlich, z.B. als Schreibfehler im Programmcode, nicht vollends beschrieben werden kann. Vielmehr stellt sie ein emergentes Phänomen dar, das sich aus dem dynamischen Zusammenspiel unterschiedlicher Elemente ergibt und somit durch ihren prozessualen Charakter stets eine zeitliche Komponente hat. Markus Rautzenberg (2009: 18) betont, dass die Störung »als konstitutive Paradoxie medialer Vollzüge begriffen werden muss«. Der Schreibfehler im Programmcode ist noch keine Störung an sich, erst durch seine Prozessierung wird er zum Auslöser der Dynamik. So lassen sich Störungen am besten als Erscheinungen eines laufenden Systems beschreiben.

Das System Computerspiel vereint dabei alle Elemente, die das Spiel im Prozess des Spielens ausmachen. Etablierte Dichotomien wie die Unterteilung in Hardware und Software oder die Differenzierung zwischen dem Produkt Spiel und dessen Entwickler können an dieser Stelle aufgegeben werden, indem deren einzelne Elemente hier in ihrer Gesamtheit das System bilden. Der Begriff zeigt auf diese Weise große Nähe zu Claus Pias' Konzeption der Spielmaschine: »Computerspiele bilden [...] überall dort, wo sie Verbindungen von Körpern und Apparaten, Hard- und Software, Symboliken und Ökonomiken, kurz: wo sie Einheiten aus Verschiedenheiten herstellen, Spielmaschinen.« (Pias 2002: 12) Ein praktisches Beispiel für ein System Computerspiel ist etwa die Städtebau-Simulation *SimCity*, zu der, neben Programmcode und -dateien, Betriebssystem, PC sowie Peripheriegeräten, auch deren Erfinder Will Wright gehört.

Das Modell des Systems ist dabei bewusst so umfassend gewählt, um den Brechungspunkt herauszustellen, an dem Störungen performativ deutlich werden. Denn das System Computerspiel ist für sich genommen noch nicht zu einem Spielprozess fähig und kann im Stillstand keine Störungen aufweisen. Für den medialen Vollzug wird ein Spieler gebraucht, der mit dem Spiel interagiert, es spielt. Störungen sind somit ohne die Einbeziehung des Spielers nicht vollends beschreibbar.

Auch der Spieler bildet ein eigenständiges System, bestehend aus Elementen seines Körpers und seiner Psyche.[58] Auf der körperlichen Seite spielen beispielsweise die Organe zur Reizaufnahme, etwa Augen und Ohren, sowie zur Manipulation, z.B. die Hände, eine große Rolle. Auf geistiger Ebene ist – neben den allgemeinen, teilweise vegetativen Fähigkeiten zur Informationsverarbeitung – insbesondere die Sozialisierung im Bezug auf Computerspiele von großer Bedeutung. Zur Letzteren zählt vor allem auch die Einbindung in verschiedene spielbezogene Communities (vgl. Glossar), etwa in Fangemeinschaften oder Zusammenschlüssen von Spielern in MMORPGs (vgl. Glossar).

Das System Spieler steht dabei mit dem System Computerspiel in einer Beziehung, die mit dem von Niklas Luhmann (1987: 290) geprägten Begriff der Interpenetration erfasst werden kann. Dieser Zustand liegt vor, wenn »beide Systeme sich wechselseitig dadurch ermöglichen, daß sie in das jeweils andere ihre vorkonstituierte Eigenkomplexität einbringen« und so gegenseitig ihre Strukturbildung beeinflussen. Auf die vorliegenden Systeme angewandt lässt sich die Interpenetration leicht verdeutlichen:

Die Entwicklung des Systems Spiel wird stark durch das System Spieler beeinflusst, sei es durch die physischen Rahmenbedingungen für Interfaces – so muss ein Spiel etwa »Menschengerechtigkeit« (Pias 2002: 12) aufweisen, d.h. mit den körperlichen Mitteln des Spielers bedienbar sein – oder durch sozioökonomische Bedingungen – so müssen Spieleentwickler ihre Produkte absetzen können, damit das System fortbestehen kann, und zu diesem Zweck die Spiele an die Präferenzen der Spieler anpassen. Ebenso prägt auch das System Computerspiel das System Spieler, indem sich beispielsweise Fangemeinschaften um bestimmte Titel bilden oder auch die Art und Weise, in der der Spieler die Welt wahrnimmt, beeinflusst wird.

Betrachtet man die Beziehung zwischen den beiden Systemen nun explizit im Akt des Computerspielens, so lässt sich diese mit Dominic Arsenault und Bernard Perron (vgl. 2009: 109) dergestalt formulieren, dass die beiden eigenständigen Systeme Spiel und Spieler an einem Knotenpunkt zusammentreffen, der allgemein als Gameplay bezeichnet wird. In der theoretischen Aufarbeitung wird dieses häufig als Kreisprozess konzipiert. So beschreibt Chris Crawford (2003: 262) die Interaktivität des Gameplay als »cyclical process in which two actors alternately listen, think, and speak to each other«. Tom Heaton (2006) gliedert diesen Gedanken in einer zweckmäßigen Unterteilung des Regelkreises in vier Abschnitte (Abb. 16), die sich vereinfacht wie folgt wiedergeben lässt: Der Spieler gibt Input, auf den das Spiel mit entsprechendem Output reagiert. Das Feedback in Form des Outputs ist dann wiederum Anlass für den Spieler zu reagieren, womit sich der Zyklus schließt (vgl. auch Kap. 2).

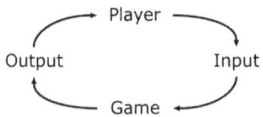

Abb. 16 Einfacher Zyklus des Gameplays nach Heaton

Das Gameplay bildet für die Untersuchung der Störung einen zentralen Punkt, da sich in diesem Kreisprozess jede Art von Störung manifestieren muss, um überhaupt als solche gelten zu können. Unter der Manifestation der Störung ist dabei das Auftreten einer für den Spieler wahrnehmbaren Symptomatik zu verstehen, die im Gameplay auffällt und aisthetisch als Irritation wahrgenommen wird. Die Manifestation muss notwendig im Gameplay erfolgen, jedoch kann die Störungsdynamik zuvor an einer anderen Stelle des Prozesses bereits ihren Lauf genommen haben. Dieser Bereich des Entspringens findet im Begriff Herkunft Ausdruck. Generell lassen sich drei mögliche Provenienzen für Störungen ausmachen, die eine Dimension der zu entwerfenden Kategorisierung bilden: die Systeme Spiel und Spieler sowie das Gameplay selbst.

Das Computerspiel als Störungsquelle

Zu Störungen, die dem System Computerspiel selbst entspringen, lassen sich zunächst viele verschiedene technische Unfälle zählen, die gemeinhin unter den Begriffen Bug (vgl. Glossar) oder auch Glitch subsumiert werden. Auf Heatons Modell des Gameplays bezogen, können diese Fehler tendenziell dem Spiel im Kern oder der Spielseite der Interfaceobjekte Input oder Output zugeordnet werden. So betreffen technische Störungen der Eingabegeräte, z.B. ein Wackelkontakt in der Tastatur, die Seite des Inputs, während Fehler in der Visualisierung, wie fehlerhaftes Clipping (vgl. Glossar), oder des Tons, wie hängende Musikwiedergabe, der Seite des Outputs zugeordnet sind. Der Übergang zu aus dem ›Kern‹ des Spiels hervorgehenden Störfällen verläuft dabei fließend. Zu den Letzteren lassen sich beispielsweise fatale Dynamiken wie Programmabstürze zählen.[59]

Wie eingangs erwähnt, versucht die Beschreibung auf Systemebene isolierte Anschauungsweisen zu überwinden. Dies gilt auch für die Debatte zwischen Ludologie und Narratologie (vgl. Glossar), welche die erste Phase der Game Studies maßgeblich prägte. Im Folgenden sollen zwei kurze Blicke auf die Störquelle Computerspiel, jeweils aus der Sichtweise von Ludologie und Narratologie, den ambivalenten Charakter der Störung veranschaulichen und damit die Beschreibung auf einer Metaebene plausibel machen.

Ludologie: Da sich nur etwas stören lässt, was von sich aus nicht völlig chaotisch ist, sondern sich zumindest in einem gewissen Grad durch Regelhaftigkeit auszeichnet, liegt es insbesondere bei dem durch Regeln konstituierten Spiel nahe, Störungen auf fehlerhafte Regeln zurückzuführen. Fündig wird man dabei zunächst auf der untersten Regelebene, die z.B. bei Jesper Juul (2005: 61) mit dem Begriff der »Algorithmic Rules« bezeichnet wird. Deren Funktionieren bedeutet: »The machine is up and running – no more, no less« (Galloway 2006: 12). Im Umkehrschluss bewirkt ein dort vorhandener Defekt das Auftreten einer Störung in Form der bereits geschilderten technischen Ausprägungen. Zugleich können durch eine Verkettung aber auch höhere Regelsphären in Mitleidenschaft gezogen werden: Wenn beispielsweise der Programmcode einen fehlerhaften Textstring enthält, der dazu führt, dass eine für das Erreichen des Spielziels nötige Handlungsanweisung – etwa die Beschreibung einer Quest (vgl. Glossar) – verfälscht wird, dann durchzieht der Störfall auch das höher gelagerte Set der Goal Rules (vgl. Frasca 2003b: 232) und greift so – wenn etwa die fehlerhafte Questbeschreibung die Geschichte beeinflusst – auch auf das narrative Terrain des Spiels über.

Narratologie: Ein weiteres Beispiel für eine technische Dysfunktion mit Auswirkung auf die Narration ist der Lag (dt. ›Verzögerung‹). Solch ein Aussetzer bei der Datenübertragung zwischen Anwenderrechner und Server lässt sich in Online-Spielen als Bruch des Zeitgefüges betrachten, bei dem die erzählte Zeit durch eine Übertragungsstörung der Datenpakete zum Stillstand kommt oder zu springen beginnt, während die Erzählzeit normal weiter verläuft. Ebenso können Störungen aber auch explizit aus der Erzählung, z.B. in Form von narrativen Brüchen, hervorgehen, ausgelöst etwa durch Widersprüche in der Logik der Diegese (vgl. Glossar). Ein klassisches Beispiel dafür sind Anschlussfehler, also Störungen der Continuity. Beispielsweise trägt die Spielfigur in *Halo: Combat Evolved* während der Cutscenes (vgl. Glossar) immer das Standardgewehr, auch wenn sie diese Waffe vor dem Schnitt nicht in der Hand hält und sie ebenso wenig in ihrem Inventar hat (Abb. 17).

Abb. 17, 1: Ego-Perspektive aus *Halo: Combat Evolved* vor dem Schnitt zur Cutscene, Waffe am rechten Bildschirmrand eingekreist. 2: Externe Perspektive am Anfang der Cutscene, Waffe eingekreist

Der Spieler als Störungsquelle

Auch der Störfall, der auf das System Spieler zurückgeht, lässt sich durch Engführung mit dem zyklischen Modell des Gameplays weiter aufgliedern: Störungen können auf der Spielerseite beim Output oder beim Input liegen oder zentral dem System Spieler entstammen. Eine genauere Betrachtung der einzelnen Unterscheidungen empfiehlt sich auch hier, insbesondere weil sich auf diese Weise ein spezielles Problemfeld ausmachen lässt.

Als Störquelle erweisen sich Output und Input auf der Spielerseite noch als einfach handhabbar. Grundsätzlich sind hierunter Fehler auf der Ebene der Physis zu verstehen: So kann der Output durch den Spieler falsch wahrgenommen werden, etwa wenn er den Monitorinhalt durch eine Fehlwahrnehmung nicht richtig ablesen kann. Ebenso kommen bei der Implementierung des Inputs Falscheingaben vor, die durch motorische Missgeschicke bedingt werden – etwa wenn sich der Spieler auf der Tastatur vergreift.

Abzugrenzen davon sind Störungen kognitiver Art, die bereits das System Spieler zentral betreffen. Solche Störungen sind beispielsweise mangelnde Kenntnis allgemeingültig ausgehandelter Grundlagen, etwa das Wissen um die Beziehung vom physischen Ort der Maus und Zeigerposition auf dem Bildschirm, die sowohl für die Analyse des Outputs als auch für die Implementierung des Inputs entscheidend ist. Dass dieser Fall, bei dem durch fehlende Erkenntnis das Spielen durch die Unterbrechung des Gameplays fatal gestört wird, hier so extrem gewählt ist, dient dem Zweck, zum Einstieg in diesen neuralgischen Bereich ein möglichst eindeutiges Beispiel anzuführen. Denn beiläufigere Fälle, die zentral aus dem System Spieler herrühren, erfordern eine genaue Durchleuchtung und bieten ebenso Anlass, die dem Ansatz innewohnende Begriffsdefinition der Störung zu präzisieren.

Das Kriterium der Manifestation im Gameplay bildet die Grundlage für die angeführte aisthetische Auffassung des Störungsbegriffs, nach der sich Störungen dadurch auszeichnen, dass sie nicht als normaler Teil des Gameplays wahrgenommen werden. Das Primat der aisthetischen Auffassung der Störung führt dazu, dass die Deutung dessen, was ein Störfall ist und was nicht, zunächst beim Spieler liegt und damit im gleichen System, welches nun auch selbst als Störquelle auftritt. Betrachtet man die Störungsprozesse des Computerspielens aus kybernetischer Sichtweise, so ergibt sich in diesem Fall eine Situation, in welcher der Spieler den Störungsprozess nicht nur beobachtet, sondern selbst zum Teil des beobachtenden Systems wird. Heinz von Foerster (1993: 89) benennt diese Konstellation, die »sich mit dem Beobachten und nicht nur mit dem Beobachteten befasst«, als Kybernetik zweiter Ordnung (vgl. zur Kybernetik auch Kap. 2). Während die Beschreibung der Störungsdynamiken anderer Herkünfte durch eine externe Beobachterposition objektiv erfolgen kann, ist dies beim Zusammenfallen von Störquelle und Beobachter nicht mehr ohne Weiteres möglich, da der Beobachter, »der sich in das System einbezieht, seine eignen Ziele bestimmt« (ebd.: 90). So würde es beispielsweise nun im Ermessen des einzelnen Spielers liegen, ob er eine Entscheidung, die zum Tod seiner Spielfigur führt, als Irritation – und somit als Störung – oder als normalen Teil des Spielens einstuft. Denn ebenso wie das Spiel sich im Modus der Störung nicht mehr unumstößlich selbst als gestört zu erkennen vermag, gilt diese Befangenheit nun auch für den Spieler.

Es ist daher zur Verminderung dieser Unschärfe nötig und durch die konsequente Anwendung der Kybernetik auch möglich, die Wahrnehmung einer sich manifestierenden Störung nicht nur auf den Spieler zu beschränken. Bedenkt man zudem die digitale Natur des Systems Computerspiel, so ergibt sich ein definitorisch einzugrenzendes Kriterium der Manifestation aus der Sicht des Spiels: Eine Störung ragt dann in das Gameplay hinein, wenn der Spieler in einer Weise agiert, die im Spiel nicht vorgesehen ist (erste Bedingung) und auf die dieses nicht adäquat, d.h. nur selbst in gleicher Weise störend, reagieren kann (zweite Bedingung) (Abb. 18).

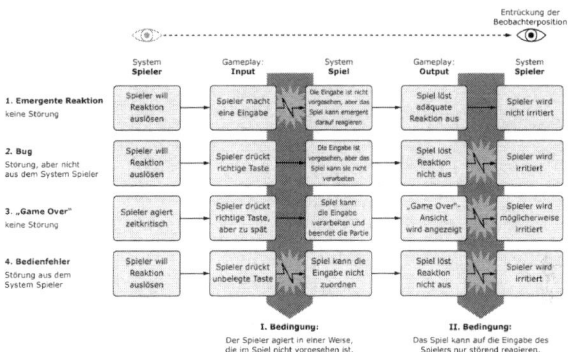

Abb. 18 Kriterium für das Vorliegen einer Akzidenz aus dem System Spieler mit Beispielen

Die Erfüllung beider Bedingungen ist dabei notwendig. Denn auf diese Weise lassen sich Dynamiken ausschließen, die keine aus dem System Spieler herrührenden Störfälle darstellen: Ist die Aktion nicht vorgesehen, aber das Spiel kann adäquat darauf reagieren, dann ist dies auf die kybernetische Komplexität des Systems Computerspiel zurückzuführen und durch eine emergente Reaktionsbefähigung tritt gar keine Störung auf (Abb. 18, 1). Ist dagegen die Aktion vorgesehen, aber dennoch keine adäquate Reaktion möglich, so handelt es sich um einen Bug und die Störung entspringt somit nicht dem System Spieler, sondern dem Spiel (2). Wenn die Spielfigur durch eine Aktion des Spielers stirbt, liegt keine Störung vor, weil das Spiel darauf adäquat reagieren kann, etwa durch Anzeige der Game-over-Ansicht, Laden des letzten Speicherpunktes oder Ähnliches (3). Der Spieler mag dadurch zunächst irritiert werden und eine Störung unterstellen, wird aber letztlich feststellen müssen, dass dies ein normaler Teil des Spiels ist.[60]

Der Spieler bleibt auch unter den aufgestellten Bedingungen die letzte Wertungsinstanz, die beurteilt, ob eine Störung vorliegt. Der Weg über das System Spiel ist dennoch nötig, um die Beurteilungsunschärfe des Zusammenfalls von Störquelle und Beobachter durch die Entrückung des Spielers in eine nachgelagerte Stufe des Vollzuges zu minimieren. So lassen sich die im Kern dem System Spieler entstammenden Störungen in ihren Auswirkungen grundsätzlich als Bedienfehler umschreiben, wie das folgende Beispiel, bei dem beide Bedingungen erfüllt werden, zeigt: Der Spieler will eine Aktion seiner Spielfigur per Eingabe über die Tastatur auslösen, drückt die seiner Meinung nach zutreffende Taste, welche jedoch realiter mit gar keiner Funktion belegt ist. Das Spiel löst entsprechend die erwartete Funktion nicht aus, wodurch sich die Störung wiederum im Gameplay äußert (4).

Über die Illustration eines Bedienfehlers hinausgehend, leistet das Beispiel jedoch noch mehr: Es belegt nicht nur die Störung als Phänomen eines medialen Vollzugs, sondern macht für das Computerspielen den Zyklus des Gameplays als Paradigma dieses Vollzuges kenntlich. In Verbindung mit der Bestimmung der Herkünfte zeigt sich so auch der Störungsverlauf als ein zu berücksichtigender Faktor. In jenem Fallbeispiel zieht sich die Störung von ihrer Provenienz im System Spieler über eine Manifestation im Gameplay aus Perspektive des Spiels durch dessen System, bis sie sich erneut im Output für den Spieler offenbart.

In diesem Sinne lässt sich das Kreisen der Störung als gegenseitiges Stören der Systeme auffassen, das in Luhmanns Konzeption von Interpenetration ein zentrales Moment darstellt: »Die interpenetrierenden Systeme bleiben für einander Umwelt. Das bedeutet: die Komplexität, die sie einander zur Verfügung stellen, ist für das jeweils aufnehmende System unfaßbare Komplexität, also Unordnung.« (Luhmann 1987: 291) Diese Unordnung ist bei Luhmann aber keinesfalls als zu beseitigende Störung zu verstehen, sondern als unverzichtbare »Betriebsbedingung von außen« (ebd. 1988: 51). In dieser Bedeutung versteht sich der durch Humberto Maturana und Francisco Varela (2010: 108) ins systemtheoretische Vokabular eingeführte Begriff der Perturbation, der Störungen wertneutral als äußere Einflüsse auf in sich geschlossene Systeme auffasst, die in den Systemen unvorhersehbare Zustandsveränderungen auslösen. Interaktionen zwischen Spiel und Spieler haben stets diese Qualität, da etwa jeder Input oder Output potenziell stören kann.[61]

Das Gameplay als Störungsquelle

Auf Grundlage des Perturbationsbegriffs wird nun die dritte mögliche Herkunft von Störungen erklärbar. Denn das Gefüge der wechselseitigen Perturbationen zwischen den Systemen Spiel und Spieler kann eine solche Dichte annehmen, dass das Gameplay, über dessen Funktion als Ort der Manifestation hinaus, selbst zur Provenienz von Störungen werden kann. Dabei ist es der hohe zugrunde liegende Grad an Unschärfe dieser Störfälle, der eine genauere Einordnung fordert. Zur Erläuterung kann hier das von Mia Consalvo (2009: 305 ff.) beschriebene Phänomen des »Cultural Noise« dienen, das die Autorin wie folgt definiert: »Language differences can also create noise when individuals who speak different languages are situated on the same servers, and translators either fail or are not present.« Als Fallbeispiel dient ihr dazu *Final Fantasy XI Online*, ein MMORPG, bei dem die Spieler auf den Servern nicht wie üblich nach Sprachraum segregiert, sondern völlig gemischt werden. Um die Kommunikation zwischen den größtenteils Englisch oder Japanisch sprechenden Spielern über den In-game-Chat (vgl. Glossar) zu vereinfachen, wurde ein automatisierter Übersetzer eingebaut, dessen Leistungsspektrum jedoch beschränkt ist: »It offers a pretty extensive list of terms, phrases, questions, and answers for players to choose from, but most choices are instrumental, rather than social or interpersonal. So, a Japanese player can ask an English-speaking player if she wishes to join an experience points party in the Valkurm Dunes, but cannot offer comments about her difficult day at work.« (Ebd.: 306)

Neben der limitierten inhaltlichen Reichweite des Programms können in der Erwartungshaltung des Spielers auch homonyme Begriffe für Verwirrung sorgen. So bedeutet die verwendete japanische Übersetzung des englischen Ausdrucks ›reward‹ wortwörtlich ›pet food‹, wodurch aus der vom Spieler eigentlich gemeinten ›Belohnung‹ oder ›Bezahlung‹ – formal fehlerfrei übersetzt – ›Tierfutter‹ wird. Letzterer Begriff bezeichnet dabei im Kontext des Rollenspiels eine handelbare Ware, weshalb sein Auftreten in dem für den Handel genutzten Chat nicht unüblicher als das Benennen von Bezahlungen ist. Als Folge treten aufgrund von Verwechslungen Missverständnisse in der Kommunikation zwischen den Spielern auf und erweisen sich so als Manifestation des Cultural Noise.

Entscheidend ist dabei, dass die einzelnen Systeme das Hervortreten der Kommunikationsstörung nur durch gegenseitige Perturbation bewirken. Das Computerspiel liefert dazu als Komponente das Übersetzungsprogramm, welches für sich genommen faktisch fehlerfrei funktioniert – die ausgewählten Sprachbereiche sind valide, ebenso sind die Übersetzungen formal korrekt. Die Spieler treten auf der anderen Seite mit einer unterschiedlichen

Muttersprache, entsprechendem Sprachverständnis sowie vielfältiger kultureller Sozialisation an und weisen damit an sich ebenso wenig eine akute Fehlerquelle auf. Erst durch das Zusammentreffen der einzelnen Faktoren im Vollzug des Gameplays entspringen daraus die beschriebenen Störungen und offenbaren sich am gleichen Ort. Durch diesen Sachverhalt ist es grundsätzlich nicht denkbar, die Perturbationen – so wie bei den ersten beiden Herkunftsfällen durchaus möglich – gleich einem Knäuel zu entwirren und die Provenienz in einem System ausfindig zu machen.

6.2 Störung und Intention

Die Dimension der Herkunft ist eine Achse der Klassifikation und ermöglicht in dieser Funktion eine produktive Sortierung der Störfälle. Bei einer weitergehenden Betrachtung zeigt sich jedoch recht schnell, dass Störungen nicht immer reine Unfälle, Akzidenzien, sind und ein eindimensionales Schema zur vollständigen Beschreibung nicht ausreicht. Deutlich wird dies etwa am Beispiel des Cultural Noise, wobei Consalvo (2009: 306) hinsichtlich der Benutzung des Übersetzungsprogramms zwei Formen voneinander unterscheidet: »Players tend to use the system in two ways – as an instrumental tool [...]; and to play with the limits of the translator.« Neben dem erläuterten Einsatz als Kommunikationsinstrument – zum Finden von Gruppen oder zum Abwickeln von In-game-Geschäften – nennt sie ebenso eine Form der Benutzung, die auf das Entstehen von Cultural Noise abzielt. Der Spieler verwendet den Übersetzer hier bewusst zur Heraufbeschwörung einer Störung.[62] Die Intention ist damit eine Größe, die als zusätzlicher Parameter der Störung, für den Aufbau der Klassifizierung unerlässlich ist. Das Schema wird somit durch die Achse der Intention ergänzt und zur Matrix ausgeweitet (Abb. 19). Die bereits vorgestellten Fallbeispiele fallen dabei in die erste Spalte, da sie reine Unfälle sind, ihnen also keine gerichtete Intention zugrunde liegt.

Bevor nun die Beschreibung beabsichtigter Störungen folgen kann, muss jedoch zuerst auf eine mit dieser Thematik zusammenhängende recht heikle Frage eingegangen werden, die gleichsam die theoretische Grundlage für die weiteren Betrachtungen bietet: die Frage, ob es überhaupt intendierte Störungen gibt. Beachtet man deren zielgerichtete Natur, also das Wissen um ihr erwünschtes Eintreten, so erscheint Geimers (2002: 315) Votum plausibel – »Eine solche intendierte Störung stört aber nie wirklich« –, wobei er Störung mit Unfall gleichsetzt. Innerhalb eines Systems ist diese Folgerung auch gültig. Einem zweiten System gegenüber erscheint das erste jedoch – im Luhmann'schen Sinne als Teil der Umwelt – gleich einer ›Black Box‹. Perturbationen intentionaler Natur haben für das andere System also die gleiche Qualität wie die einer akzidentellen Herkunft: Bringt etwa der Spieler das Spiel durch eine gezielte Eingabe gewollt zum Absturz, so kann das System Spiel diese nicht von einem Eingabefehler unterscheiden, weshalb die Manifestation der Störung im Gameplay für das System Spiel vollkommen authentisch ist. Die Deutungshoheit über das Vorliegen einer Störung kann dabei auch in diesem Fall nicht allein beim Spieler liegen, da ihn eine selbstverursachte Störung selbst nicht irritiert, wohl aber aus Sicht des Spiels eine Dysfunktionalität des Gameplays darstellt. Das aisthetische Kriterium muss daher allgemein aus der Perspektive beider Systeme erfüllbar sein. Demnach liegt eine intendierte Störung dann vor, wenn ein System gezielt in einer Weise agiert, die nicht in der auf das Gameplay bezogenen Erwartungshaltung des anderen Systems liegt.

Unter der Erwartungshaltung ist dabei das Richtmaß zu verstehen, mit dem die Wahrnehmung auf das Vorhandensein einer

Störung geprüft wird. So wird alles, was nicht erwartet wird, als irritierend und – gemäß der verwendeten Definition – als Störung wahrgenommen. Die Eingrenzung der beobachteten Erwartungshaltung auf das Gameplay dient dabei der Abfilterung von irritierenden Überraschungen. Denn wenn in einem First-Person-Shooter (vgl. Glossar) in einem vermeintlich befriedeten Gebiet plötzlich ein Gegner auftaucht, so mag dies nicht der situativen Erwartungshaltung des Spielers entsprechen und diesen irritieren. Der Fall stellt aber vor dem Hintergrund der vorgenommenen Eingrenzung keine intendierte Störung dar, da das Erscheinen von Gegnern und auch das Überraschen ein Grundbestandteil des allgemeinen Gameplays eines Shooters ist.

Erfolgt die Störung intentional durch nur ein System, so liegt also eine intendierte Störung vor. Wenn sich die Intention und damit die Erwartungshaltung auf beide Systeme erstreckt, so erweist sich Geimers Argument wiederum als gültig. Dennoch ist der Zustand der intendierten Störung auch hier nicht vollkommen aus der Welt zu schaffen, da allein die Formulierung ›nie wirklich‹ keine absolute Verneinung darstellt, sondern Raum für einen Gegenbegriff schafft. Es bleibt die unwirkliche Störung als näher zu bestimmende Möglichkeit: Auch wenn beide Systeme über die Intentionalität und die Art des Auftretens der Störung informiert sind und der Prozess des Computerspielens nicht wirklich gestört wird, so bedingt allein das Reflektieren eines Sachverhalts als unwirkliche Störung das Vorhandensein einer Pseudoklasse. Ebenso reicht gemäß der aisthetischen Störungsauffassung schon die Wahrnehmung eines sich vom sonstigen Gameplay abhebenden Vorkommnisses als Beleg für eine – wie auch immer geartete – Störform, wobei nun unter unwirklichen Störungen vor allem das reflektierte, in beiden Systemen ausgehandelte Echo einer genuinen Störung zu verstehen ist. Im Rahmen dieses Schemas werden die unwirklichen Fälle deshalb im

Weiteren als einvernehmliche, als *unanime* Störungen bezeichnet.

Auf der Grundlage der hinzugekommenen Dimension lassen sich nun in den folgenden Abschnitten intendierte und unanime Störungen vor dem Hintergrund der verschiedenen Herkünfte beschreiben.

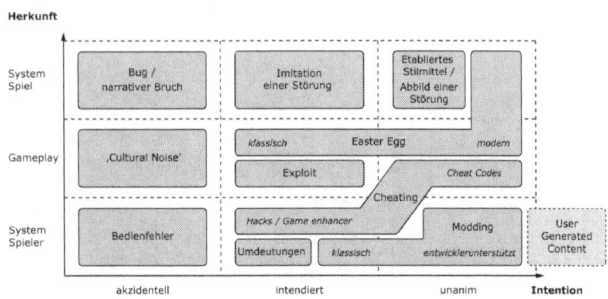

Abb. 19 Kategorisierung von Störungsarten mit Fallbeispielen

Abb. 20 Imitation eines Absturzes in *Batman: Arkham Asylum*

Intendierte und unanime Störungen aus dem System Computerspiel

Im Gegensatz zu akzidentellen Störungen dieses Ursprungs, die ihre Ursache in technischen wie auch menschlichen Elementen des Spiels haben können, ist jede Art von Intention durch ein bewusstes Streben nach etwas definiert. Eine absichtliche Störung kommt daher nur durch die menschlichen Elemente ins Spiel, also durch die Erschaffer des Computerspiels, welche den Störfall im Programmcode anlegen. Der Code selbst wird dabei an sich nicht gestört, die Störung wird im Moment des Spielens nur durch ihn ausgelöst. Ein einfaches Beispiel für intendierte Störungen durch das System Spiel ist das ästhetische Nachahmen einer akzidentellen Störung. So vollführt *Batman: Arkham Asylum* eine derartige Imitation, indem es einen Spielabsturz vortäuscht: Überschreitet die Spielfigur Batman einen bestimmten Punkt eines Korridors, so friert das Bild mit dem Auftreten von Grafikfehlern (Abb. 20) und rauschender Soundwiedergabe ein, deren Intensität sich steigert, bis schließlich ein schwarzer Bildschirm gezeigt wird. Das Spiel verharrt so einige Momente, bevor dann eine Cutscene einsetzt. Auf den Spieler wirkt diese Perturbation zunächst vollkommen authentisch und ist damit performativ für ihn eine Störung des Gameplays. Erst mit dem Einsetzen der Cutscene wird sich der Spieler der Imitation bewusst und der Modus der Störung wird für ihn wieder aufgehoben.

Eine bedeutende Rolle spielt hier die Veränderlichkeit der Erwartungshaltung des Spielers, denn eine Störung stört ihn ja nur wirklich, wenn er sie nicht erwartet. Rechnet er dagegen mit der Nachahmung einer Störung, so gehört deren Auftreten zu seiner Erwartungshaltung.[63] Der Spieler tritt der intendierten Störung dann mit der Intention, die Störung zu rezipieren, entgegen, er antizipiert sie. Da beide Systeme nun gleichermaßen durch Intention gekennzeichnet sind, liegt eine unanime Störung vor.

165

Dieser Sachverhalt lässt sich durch Ausweitung des angeführten Beispiels verdeutlichen: In *Batman: Arkham Asylum* wird dem Protagonisten im Verlauf der Handlung eine halluzinogene Droge verabreicht, die surreale, spielbare Traum- und Wahnsequenzen hervorruft. Die Unterscheidung zwischen diegetischer Realität und Halluzination lernt der Spieler im Verlauf des Spiels kennen, vor allem dass er merkwürdige Durchsagen hört, erweist sich als ein Merkmal für das Auftreten von Halluzinationen. Das Spiel bedient sich dieser Assoziation in diesem Fall auf besondere Weise, indem die Stimme kurz vor dem Einfrieren des Spiels zu hören ist und beim Spieler die Erwartung weckt, dass nun ein Abschnitt in der Traumwelt folgt. In dem Bewusstsein, die Mechanik des Spiels erkannt zu haben, ist der Spieler nun abgelenkt und erweist sich als umso anfälliger für die Störungsimitation. Nach dem Wiedereinsetzen von Bild und Ton in der folgenden Cutscene ist der Spieler jedoch stark für dieses Instrument sensibilisiert. Dass die Cutscene selbst auch mit vermeintlichen Grafikfehlern gespickt ist, vermag ihn nicht wirklich zu irritieren, da jene eine konsequente Fortführung der Ästhetik des vermeintlichen Absturzes darstellen und somit nun in der Erwartungshaltung des Spielers liegen. Es handelt sich bei den visuellen Effekten folglich um eine unanime Störung in der Form eines Stilmittels.

Ein weiteres Beispiel für Störungen unanimen Charakters sind Abbilder von Störungen, die – im Gegensatz zur Imitation – nicht performativ, sondern symbolisch wirken. Wenn beispielsweise während des Ladevorgangs der Spiele *Fallout* und *Fallout 3* das im amerikanischen Raum populäre Fernsehtestbild Indian Head (Abb. 21) gezeigt wird, ist sich der Spieler der Anspielung auf das Fernsehen bewusst und geht nicht etwa davon aus, dass das Spiel einen echten Störfall aufweist und daher ein analoges Testbild zeigt. Aus einer ursprünglichen Dysfunktionalität erwächst hier also eine sinnhafte Funktion – den Spieler während des Ladens auf das retro futuristische Setting und das visuelle Design des Spiels einzustimmen. Die Verwendung als unanime Störung im Spiel knüpft dabei an die bereits allgemein ausgehandelte Bedeutung des Indian-Head-Testbilds an. Denn die Assoziation mit einer Übertragungsstörung einschließlich der Aufforderung »please stand by« ist erst durch die entsprechende Verwendung in der populären Kultur entstanden, vor allem in Fernsehshows.[64]

Abb. 21 Ladebildschirm aus *Fallout 3*

Intendierte und unanime Störungen des Gameplays

Wie am Beispiel des Cultural Noise verdeutlicht, gehen die Störfälle dieser Herkunft aus der gegenseitigen Perturbation der Systeme hervor. Betrachtet man nun intendierte Störungen dieser Provenienz, so kann deren Intention aber nicht im Wirbel der gegenseitigen Beeinflussungen entstehen. Auch wenn die ursprüngliche Absicht durch Perturbationen verfälscht werden kann, muss ihre Herkunft einem der beiden Systeme zurechenbar sein. Daraus ergeben sich zwei denkbare Konstellationen: Das System Computerspiel hat die Intention, ist aber zur Manifestation auf ein Mitwirken des Systems Spieler angewiesen, oder der Spieler intendiert eine Störung, die von Faktoren des Spiels abhängig ist.

Ein bekanntes Beispiel für die erstere Situation ist das sogenannte Easter Egg, das sich im Laufe der Zeit auch in den Bereich der unanimen Störung weiterentwickelt hat. Katie Salen und Eric Zimmermann (vgl. 2004: 279) definieren dieses bündig als im Spiel verstecktes Geheimnis, das von Spielern gefunden werden kann. Das erste vielfach dokumentierte Easter Egg aus dem Atari-2600-Spiel *Adventure* eignet sich dabei bestens zur Verdeutlichung des Begriffs. Aus Trotz gegenüber der Firmenpolitik Ataris, die Spieleentwickler in den Produkten nicht namentlich zu nennen, entschied sich Warren Robinett, in das von ihm geschaffene Spiel *Adventure* einen Raum einzubauen, der seinen Namen bildschirmfüllend präsentierte. Robinett (2003: xviii) äußerte dazu später: »[Atari] had the power to keep my name off the box, but I had the power to put it on screen.« Die Existenz des Raums hielt er vor allem vor seinem Arbeitgeber geheim, was durch seine schwere Auffindbarkeit begünstigt wurde. Erst nachdem das Spiel erschienen war, wurde der Weg hinein schließlich von ein paar Spielern entdeckt, indem sie den passenden Schlüssel – einen einzelnen Pixel auf gleichfarbigem Grund – und die ebenso unkenntliche Tür fanden. Das klassische Easter Egg stellt somit eine Störung in Form eines diegetischen Bruchs dar: So fällt etwa der Name des Entwicklers in Leuchtschrift aus dem Fantasy-Setting des Spiels heraus. Die Störung tritt dabei, auch wenn sie vom Systemelement Entwickler intendiert ist, nicht ohne besonderes Zutun im Gameplay auf. Die Manifestation erfolgt erst, wenn der Spieler eine komplexe Aktionskette ausführt, die sich deutlich von dem regulären Input abhebt.

Robinetts Coup hatte weitreichende Auswirkungen: Von ihm als Form des Protests erdacht, entwickelten sich Easter Eggs durch Aufarbeitung in den Communities und in den aufkommenden Spielezeitschriften von einer subversiven Geheimbotschaft zu einer offenkundigen Form von intertextueller Anspielung, die von Spielern heute geradezu erwartet wird. Die Einbettung von Easter Eggs geschieht deshalb nicht mehr im Geheimen, sondern ist fester Bestandteil der Marktpolitik (vgl. Consalvo 2007: 17-39). Ein Beispiel dafür sind die Titel der *Warcraft*- und *StarCraft*-Franchises von Activison/Blizzard, die mit zahlreichen wechselseitigen Verweisen gespickt sind: Im Universum von *World of Warcraft* würde ein ›Murloc‹ mit futuristischer Kampfrüstung und Sturmgewehr (Abb. 22) an sich eine intendierte Störung bedeuten, da diese fiktiven Wesen innerhalb der Diegese in einer primitiven schamanischen Kultur ohne jegliche Hochtechnologie leben. Der reguläre Spieler ist jedoch über das gegenseitige Austauschen der Easter Eggs im Bilde und kennt die grundlegenden Figuren des *StarCraft*-Universums, so auch die ›Terran Marines‹ (Abb. 23), deren Rüstung und Waffe der ›Murloc‹ trägt.

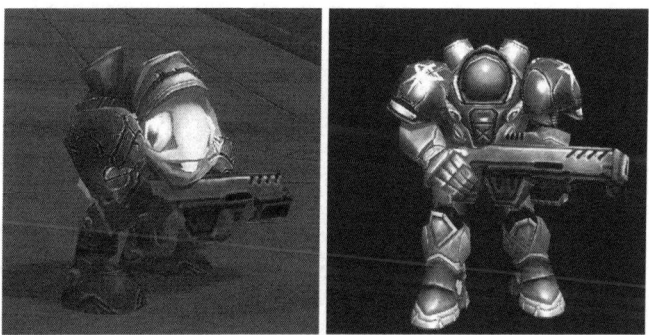

Abb. 22 ›Murloc Marine‹ aus *World of Warcraft* (links), Abb. 23 ›Terran Marine‹ aus *StarCraft II: Wings of Liberty*)

Wenn ein Spieler nun zum ersten Mal in der Spielwelt auf einen ›Murloc Marine‹ trifft, kann seine Wahrnehmung im ersten Moment irritiert werden. Diese initiale Irritation geht aber mit der Reflexion des Gesehenen, d.h. mit dem Erkennen der Anspielung und des Zusammenhangs, sofort in eine positive Überraschung über, die mit dem von Karl Bühler (vgl. 1907) geprägten Begriff des ›Aha–Erlebnisses‹ bezeichnet werden kann.[65] Im Gegensatz zu einer genuinen Störung, die sich im Erkennen ebenfalls durch Irritation auszeichnet, verblasst die Verwirrung in diesem Fall mit der Erkenntnis sofort zu einem Echo, so dass der ›Murloc Marine‹ – als Beispiel für ein modernes Easter Egg – eine unanime Störung darstellt. Die Herkunft der Easter Eggs driftet dabei, indem diese durch ihre Popularisierung im Gameplay immer offenkundiger platziert werden, vom Gameplay hin ins System Spiel, da ihr Auffinden zum regulären Teil des Gameplays wird und keinen besonderen Input des Spielers mehr erfordert. So kann beispielsweise in *World of Warcraft* ein Spieler rein zufällig, ohne eigens darauf hinzuwirken, einem ›Murloc Marine‹ begegnen, etwa wenn dieser als Haustier von einem anderen Avatar (vgl. Glossar) mitgeführt wird.

Betrachtet man den umgekehrten Fall, in dem die Intention vom System Spieler ausgeht, so ist der Exploit eine prominente Störung dieser Ausprägung. Mia Consalvo (2007: 114) definiert diesen wie folgt: »Exploits are ›found‹ actions or items that accelerate or improve a player's skills, actions, or abilities in some way that the designer did not originally intend, yet in a manner that does not actively change code or involve deceiving others.« Der Spieler nimmt hier nicht nur passiv einen ärgerlichen Bug wahr, sondern erzwingt dessen Manifestation, um daraus einen Vorteil zu ziehen. Ein typisches Beispiel dafür stammt aus *Habitat*, einem Vorläufer der heutigen MMORPGs: Hier entdeckten eines Abends ein paar Spieler, dass in der virtuellen Welt der

Token-Preis von Puppen an einem Verkaufsautomat geringer war als der Betrag, den man dafür beim Versetzen an einen Pfandleiher erhielt. Durch stundenlanges Kaufen und Verkaufen erhielten sie über Nacht ein Vermögen. Für die Entwickler Randall Farmer und Chip Morningstar (1991: 293) ergab sich dann folgendes Szenario: »The final result was at least three Avatars with hundreds of thousands of Tokens each. We only discovered this the next morning when our daily database status report said that the money supply had quintupled overnight.« Die schwerwiegende ökonomische Störung ist hier also nicht allein auf die fehlerhaften Preiseinstellungen im System Spiel zurückzuführen, sondern wird erst durch die zielgerichtete wiederholte Nutzung des Bugs durch das System Spieler hervorgerufen.

An den Exploit schließt sich mit dem Übergang von einseitiger Intention zu Unanimität das weite Feld des Cheatings (dt. ›Mogelns‹) an. Neben einer unanimen Störung aus dem Gameplay können manche Formen des Mogelns auch eine intendierte Störung aus dem System Spieler darstellen. Katie Salen und Eric Zimmermann (2004: 275) umreißen die wesentliche Begriffsdefinition des Cheatings bei der Charakterisierung von Spielertypen so: »The Cheater breaks the rules but remains within the space of play.«[66] Der Schummler hält also den Prozess des Gameplays aufrecht, stört ihn aber zur gleichen Zeit durch einen Regelbruch. Dass ein Regelbruch eine Störung des Gameplays darstellt, ist ersichtlich. Die Definition erfordert jedoch auszuloten, was als Regelbruch gilt und auf welche Art – wirklich oder nicht wirklich – das Gameplay gestört wird. Zu bestimmen, was Cheating ist und was nicht, ist folglich ein verfängliches und vielschichtiges Unterfangen, dem beispielsweise Mia Consalvo mit *Cheating* (2007) ein ganzes Buch gewidmet hat. Im Rahmen dieses Kapitels genügt indes eine näherungsweise Bestimmung des Cheatings anhand von zwei grundlegenden Beispielen. Der direkt anschließende Fall stellt dabei eine unanime Störung aus dem Gameplay vor, während das zweite Beispiel im nächsten Abschnitt einen intendierten Störfall darstellt, der allein aus dem System Spieler hervorgeht.

Eine prominente Variante des Cheatings ist das Benutzen von Cheat Codes. Dabei handelt es sich um von den Entwicklern implementierte Funktionen, die durch einen bestimmten Input, etwa durch das Drücken der Controllertasten in einer speziellen Sequenz, die Eingabe von einzelnen Buchstaben bis hin zu ganzen Sätzen oder das Eingeben von Befehlen in das Terminal der Spielesoftware aktiviert werden. Das Resultat sind dabei Veränderungen des Gameplays: So lässt sich etwa bei der Hubschraubersimulation *SimCopter* durch die Eingabe ›[Strg] + [Alt] + [X] + Gas does grow on trees + [Return]‹ der Kerosintank des Fluggerätes füllen, während im First-Person-Shooter *Doom* die Eingabe von ›iddqd‹ die Spielfigur unverwundbar macht, sie in den sogenannten God Mode versetzt. Die Einbindung solcher Möglichkeiten bei der Entwicklung hat dabei verschiedene Gründe. So können Cheat Codes während des Debuggings (vgl. Glossar) den Entwicklern als Hintertür gedient haben, um den Testvorgang zu vereinfachen, oder – in gleicher Weise wie das Easter Egg – zur Anreicherung des Spielerlebnisses bewusst für den Spieler integriert worden sein. Entscheidend für das Vorliegen einer unanimen Störung ist hier letztlich nur, dass die beim Cheating vom Spieler ausgehende Intention auf ein dem Spiel immanentes Verwirklichungspotenzial zurückgreifen kann. Denn das Spiel bietet die Möglichkeit zum Schummeln durch vorprogrammierte Funktionen latent an und wird daher nicht gestört, wenn der Spieler diese durch eine besondere Eingabe aktiviert.

Von dieser Art des Mogelns, die aus dem gegenseitigen Ergänzen der Systeme im Gameplay herrührt, lässt sich eine Form unterscheiden, bei der die Intention nur vom Spieler ausgeht.

Intendierte Störungen des Spielers

Hat der Spieler die Absicht zu mogeln, wenn dies im System Spiel nicht vorgesehen ist, so muss er zum Erreichen seines Ziels (etwa dem Erlangen von Unverwundbarkeit oder unerschöpflichen Mengen an Geld) grundlegender ins Gameplay eingreifen: »through the intervention at the level of code« (Salen/Zimmermann 2004: 280). Diese Form von Manipulation wird als Hacking bezeichnet und kann durch direkte manuelle Eingaben, Trainer (vgl. Glossar) oder materielle Cheatmodule geschehen.

Letztere finden vor allem in Spielekonsolen Anwendung: ›Game Enhancer‹ wie etwa der *Game Genie* oder *GameShark* werden dabei als Adapter zwischen Spielkassette und Konsole eingesteckt oder über ein Interface angeschlossen und erlauben das Benutzen der Cheats über ein eigenes Bildschirmmenü.[67] Der Eingriff auf der Ebene des Codes findet dabei stets im Bereich des Gameplays statt, was bedeutet, dass der Spieler oder von ihm aktivierte Drittprogramme berechnete Werte im laufenden Spielprozess manipulieren, um so den Output entsprechend den Wünschen des Spielers abzuändern. Entscheidend bei dieser Art der Manipulation ist, dass der Spieler nur in den laufenden Prozess eingreift und dort Variablen abändert, keineswegs aber den zugrunde liegenden Programmcode selbst manipuliert.

6.3 Störung als kreatives Mittel und Movens

Unter intendierten Störungen des Spielers lassen sich nicht nur Manipulationen des Gameplays auf Basis des Codes verstehen, sondern auch Beeinflussungen inhaltlicher Art wie etwa produktive Umdeutungen. Ein Beispiel dafür ist *Doom*, in dessen Physiksimulation der Spielwelt mehrere Exploits gefunden wurden, die die Bewegungsgeschwindigkeit erhöhen: »Spieler fanden heraus, dass, wenn man mit dem rocket-launcher gegen eine nahe gelegene Wand feuert, die Druckwelle die Spielfigur horizontal beschleunigt. Die Technik des rocket-running war geboren.« (Knorr 2009: 222) Die Nutzung des im System Spiel als Waffe determinierten Artefakts als Fortbewegungshilfe ermöglicht zusammen mit ähnlichen Exploits die Umdeutung des gesamten Spiels, in welchem bislang das Töten von Monstern Handlungsmaxime war. »Speedrunning ist ein neues Spiel, das die story-levels zu Wettlaufarenen umdeutet, denn es geht darum, unter Ausnutzung sämtlicher Möglichkeiten, welche der Spielraum [...] bietet, das gesamte Spiel so schnell wie möglich zu durchqueren.« (Ebd.: 223) Das ursprünglich durch das System Spiel intendierte Gameplay wird so nicht nur durch die Nutzung des Exploits, sondern auch durch die Bedeutungsverschiebung gestört, wobei das Auffinden des Physikbugs in diesem Fall das Movens zur Nutzung des Fehlers darstellt.

Als inhaltlichliche Umdeutung, aber auch auf Codeebene fort- und/oder umschreibend, schließt sich ein weiterer kreativer Umgang mit der Störung an: das Modding (vgl. Glossar). Unter diesem, sich vom englischen *modification* ableitenden Begriff, versteht man grundsätzlich »jede Veränderung oder Erweiterung von Levelstrukturen (vgl. Glossar), Figuren, Items, Sounds oder auch Regelwerken eines Computerspiels« (Beil 2009b: 191). Mods werden dabei in der Regel nicht durch Entwickler, sondern durch die Spieler (oftmals in Gemeinschaftsarbeit) erstellt. Der Beweggrund für das Erstellen eines Mods ist dabei die Möglichkeit, die »Potentialität noch unverwirklichter Spielideen«, welche ein Computerspiel neben der realisierten Spielwelt jeweils ebenso mittransportiert, zur Existenz zu bringen (Butler 2007: 90). Denn die den Spielen zugrunde liegenden Game Engines, die das Programmgerüst des Spiels (Grafik, Sound, Physik usw.) darstellen und die durch ihr Zusammenwirken die Spielwelt zum Laufen bringen, bieten als reine Werkzeuge die Möglichkeit einer vielseitigen Nutzung. Die Kreativität des Spielers treibt diesen dazu an, auf dieses Potenzial zurückzugreifen und seine eigenen Ideen entsprechend in einem Mod zu realisieren.[68]

Dass dieses Vorgehen eng mit dem Stören verbunden ist, zeigt einer der ersten Mods: *Castle Smurfenstein* von 1983. Dieser wandelt das Szenario des Actiongames *Castle Wolfenstein* ab, so dass der Nutzer dort – statt als alliierter Spion während des Zweiten Weltkriegs auf dem titelgebenden Schloss gegen Nazis zu kämpfen – auf feindliche Schlümpfe trifft (vgl. Jeppensen 2004: 10 f.). Die Anfänge der Modding-Kultur weisen dabei starke Parallelen zu produktiven Zerstörungsprozessen auf. So erfordert die Modifikation von *Castle Wolfenstein* die Ersetzung, sprich das Löschen des originalen Programmcodes (vgl. Sotamaa 2003: 8). Betrachtet man das Computerspiel als ein Bauwerk – eine Analogie, die beim Schloss Wolfenstein auch ganz plakativ funktioniert – so erinnert der Vorgang des Moddings hier stark an die von Horst Bredekamp (vgl. 2000: 9) beschriebene Baugeschichte von St. Peter als unauflösbares Bedingungsverhältnis von Konstruktion und Zerstörung: So wie beim Kirchenbau durch das Abtragen von altem Material neuer Bauplatz entstand, so musste in den Dateien von *Castle Wolfenstein* beispielsweise das alte Titelbild weichen, um Platz für das Neue zu schaffen. Die (Zer)störung ist also auch im Fall des Computerspiels Mittel zur Verwirklichung der kreativen Bestrebungen.

Im Gegensatz zum Benutzen von Cheat Codes und anderen temporären Manipulationen des Gameplays überschreitet der Grad der Beeinflussung durch das Modding eine entscheidende Grenze. Denn der Spieler perturbiert das Spiel nicht mehr nur, sondern greift nun gezielt in das System ein, um das Gameplay zu beeinflussen. Das Gefüge der interpenetrierenden Systeme wird dadurch überschritten, dass das System Spieler durch Einschreibung auf Codeebene Teil des Systems Spiel wird. Eine vollständige Verwischung der Grenzen findet beim klassischen Modding jedoch noch nicht statt, da der Nutzer nicht zur gleichen Zeit als Spieler und Entwickler fungiert und nicht in beiden Rollen, d.h. in beiden Systemen gleichzeitig anzutreffen ist. Dieser Umstand ist dadurch bedingt, dass ein Eingriff in den Programmcode des Spiels nicht möglich ist, während dieses läuft und daher nur zeitlich versetzt zum Spielen erfolgen kann. Ebenso wurde das Modding in seinen Anfängen noch stark durch das System Spiel – vor allem durch das Element der Entwickler – missbilligt, wodurch diese Form der Störung deutlich nur auf die Intention des Systems Spieler zurückging. Die Einstellung vieler Entwickler änderte sich jedoch allmählich und beeinflusste somit auch die Form der Störung. Von der Umorganisation der Datenstruktur bei *Doom*, welche nicht-destruktive Manipulation der Inhalte erlaubt (vgl. Sotamaa 2003: 8), bis zur Herausgabe von Software Development Kits, die Anwendungen zum Verändern und Erstellen neuer Inhalte, etwa Leveleditoren (vgl. Glossar), sowie oftmals auch deren Dokumentation enthalten, hat sich die Haltung der Spieleentwickler inzwischen aus vielfältigen Gründen geändert.[69] Die Folge für das entwicklergestützte Modding[70] ist nun, dass es sich hierbei nicht mehr um eine genuine, sondern eine unanime Störung handelt, da das System Spiel der Veränderung durch die mitgelieferten Tools offen gegenübersteht.

Erfolge der Modding-Bewegung (der zum Spiel erhobene Mod *Counter-Strike* etwa überflügelte die Popularität des Hauptprogramms *Half-Life*, vgl. auch Kap. 1), haben zu einer immer stärkeren Verzahnung von Spiel und Entwicklungsanwendungen geführt und die Frequenz, mit der der Benutzer zwischen Spieler- und Entwicklerrolle wechselt, stark erhöht. Neben den Modifizierungsmöglichkeiten über externe Tools sowie deren Verknüpfung in das Hauptspiel – beispielsweise lässt sich der Scenario Builder in *Age of Empires* aus dem Hauptmenü starten – hat dieses Ein- und Fortschreiben für manche Spiele den Rang eines Kernkonzepts erreicht. Der Jump'n'Run-Baukasten *LittleBigPlanet* sowie die Lebenssimulation *Spore* sind Beispiele für diese Generation von Spielen, die hochgradig auf vom Nutzer erstellte Inhalte, sogenannten User Generated Content, setzen.

Für die Analyse der Störfälle ist hier zu beachten, dass das Editieren nicht mehr trennscharf vom Spielen unterschieden werden kann und beide zu einer Handlung verschmelzen. Diese Form des Gameplays stellt somit eine definitorische Grenzregion dar, die zwar ein Höchstmaß an kreativen Dynamiken, dabei aber keine störenden Prinzipien, d.h. mögliche unanime Störungen, mehr aufweist, da das Gameplay wieder als konsistent wahrgenommen wird und so in den ungestörten Ablauf übergeht.

Während die technische Akzidenz als Einstieg in die Klasse der Störungen dient, bildet der Übergang vom Modding zum User Generated Content den entgegengesetzten Punkt, an dem letztlich nicht mehr von einer – wie auch immer gearteten – Störung gesprochen werden kann. Die Klasse der Störfälle erreicht an dieser Stelle folglich ihre Grenze. Die Abfolge der Beschreibungen ist dabei nicht als gerichtete Abfolge der Störungsdynamiken zu verstehen. Gleiches gilt auch für die beschriebenen historischen Prozesse: Dass sich zum Beispiel das moderne Easter Egg aus dem klassischen Easter Egg entwickelt hat, bedeutet nicht, dass die alte Variante heute nicht mehr anzutreffen ist. Ebenso besteht, neben der Weiterentwicklung des Moddings, dieses auch noch in seiner Urform fort. Etwa implementiert heute bei Weitem nicht jeder Entwickler Modifizierungsmöglichkeiten in jedem Spiel, so dass bei einigen Titeln nur das klassische Modding infrage kommt. Die besprochenen Fälle des Schemas bleiben im Prozess des Computerspiels stets nebeneinander bestehen. Die gewählte Reihenfolge und die detaillierte Beschreibung der Systeme dienen also weniger der Nachzeichnung einer Historie, sondern vielmehr dazu, ein Gebiet zu erfassen, das sich der Ausbildung einer festen Ordnung fortwährend widersetzt und der Betrachtung immer von Neuem entzieht.

Anmerkungen

1 So ist etwa der Versuch, *Tetris* vornehmlich ›narratologisch‹ als Metapher des modernen (Arbeits-)Lebens zu lesen (Murray 1997, 144), gleichermaßen skurril wie reizvoll, aber hinsichtlich des Erkenntnisgewinns letztlich recht begrenzt – genauso wie ein erzählerisch komplexes Spiel wie *Heavy Rain* nicht auf seine im Wesentlichen aus Quick-Time-Events (vgl. Glossar) bestehende Spielmechanik reduziert werden kann.
2 Entsprechend sind einschlägige Theorien (oder Theoriefragmente) genauso wie bestimmte Critical Terms der Game Studies nicht chronologisch oder systematisch hintereinandergeschaltet, sondern über einzelne Textpassagen verteilt. Verweise auf das Glossar werden deshalb kapitelweise wiederholt.
3 Im Bereich des Computerspiels ist der Gattungsbegriff kaum gebräuchlich. Sinnvoll erscheint jedoch eine Eingrenzung nach dem Vorbild des Films, bei dem die Gattung den Verwendungszweck benennt. So bildet der Werbe- oder Lehrfilm eine andere Gattung als der Spielfilm. Ähnlich ließe sich für das Computerspiel eine Abgrenzung von Spielen, die primär einem Unterhaltungszweck dienen, und sogenannten Serious Games (etwa Lernsoftware, aber auch Programme wie *America's Army*) vollziehen.
4 Vgl. »List of Films Based on Video Games« (Stand: 10/2011, http://en.wikipedia.org/wiki/List_of_films_based_on_video_games).
5 Matteo Bittanti spricht hier treffend von »Gamexploitation«: »[T]he logic behind the adaptation strategy is purely economic: In most cases, these films simply try to draw a pre-existing fan base to the cinema rather than expanding the cinematic discourse on video games.« (Bittanti 2001, 208)
6 »*Zeitkritisch* ist die Interaktion im Gegenwärtigen von Actionspielen: Sie fordern *Aufmerksamkeit* bei der Herstellung zeitlich optimierter Selektionsketten aus einem Repertoire normierter Handlungen. *Ent-*

scheidungskritisch ist die Navigation durch ein Zuhandenes in Adventurespielen: Sie fordern optimale *Urteile* beim Durchlaufen der Entscheidungsknoten eines Diagramms. *Konfigurationskritisch* ist die Organisation eines Möglichen in Strategiespielen: Sie fordern *Geduld* bei der optimalen Regulierung voneinander abhängiger Werte.« (Pias 2002: 4; Hervorhebungen im Original) Pias betont, dass es sich gerade nicht um ein Gattungs- oder Genresystem handelt, sondern vielmehr um eine Zusammenstellung »diskursive[r] Praktiken« (ebd., 3), die für die Konstituierung des Computerspiels maßgeblich waren. Pias' Darstellung ist somit nicht unmittelbar auf die Computerspielgeschichte zu beziehen, denn sie endet historisch genau an jenem Punkt, an dem die ersten kommerziellen Spiele erscheinen.

7 Z.B. die *Mass Effect-* und die *Bioshock*-Reihe sowie *Fallout 3*. RPG-Elemente finden sich aber etwa auch in Form von Erfahrungspunkten in den Multiplayermodi vieler aktueller First-Person-Shooter-Reihen (z.B. *Call of Duty*, *Battlefield: Bad Company*).

8 Hiervon fast systematisch abweichend verfahren vor allem Arbeiten, die ihren Schwerpunkt beim Computerspieldesign setzen. In diesen Arbeiten wird Interfacedesign auffällig oft entweder mit dem Entwurf eines eher inhaltlich motivierten Modells der Interaktionsmöglichkeiten innerhalb des Spiels oder mit Screendesign in eins gesetzt. Das ist aus der pragmatischen Intention dieser Arbeiten heraus erklärbar, denn die Zielgruppe dieser Texte ist üblicherweise gezwungen, die Hardware-Elemente des Interfaces – und damit die meisten Momente der Sensorik, der Eingabe – als gegeben und weitgehend unveränderlich hinzunehmen, während es vor allem der Bildschirm (und der Sound) ist, in dessen Gestaltung die Designer vollkommen frei sind.

9 Die ersten Computerspiele waren das Ergebnis spielerischen Umgangs mit damals neuen Graphical User Interfaces (GUIs).

10 Ein kurioses Beispiel ist die Painstation, bei der Hitzeimpulse, Stromstöße und eine in die Spielkonsole integrierte Miniaturpeitsche als Feedback dienen (Waelder 2008: 163 ff.). Nach demselben Prinzip funktionierte auch *Tekken Torture Tournament*, eine künstlerische Performance, bei der ebenfalls virtuelle Verletzungen des Avatars durch Stromstöße an den Spieler rückgemeldet wurden (Crogan 2007: 87 f.).

11 In diesem Zusammenhang ist eine thematische Eingrenzung angebracht: Die Bedienung eines Computerspiels als Anwendung hängt

in gewissen Grenzen immer vom rahmenden Betriebssystem ab. Diese Aspekte werden hier aber nicht weiter berücksichtigt. Computerspieltheoretisch interessant wird erst die darunter gelagerte Ebene, auf der das Spiel ›eigene‹ Bedienlogiken aufweist. Eine Berücksichtigung der übergeordneten Ebene würde das Problem aufwerfen, Aussagen über das Computerspiel mit Aussagen über das Betriebssystem/die Plattform zu vermischen. Gerade weil Spiele als Computeranwendungen Plattformgrenzen überspringen können (und das in aller Regel auch tun), müssen plattformabhängige Parameter von spielspezifischen Parametern differenziert werden.

12 Solche Buttons müssen dann durch ergänzende Informationen als Bedienelement für die jeweilige Aktion ausgewiesen werden, indem sie z.B. mit Textinformationen angereichert werden (»Hier klicken um Health Pack zu aktivieren« bzw. kurz »Health Pack«) oder indem sie mit einem Symbol versehen werden (z.B. ein Taster mit der Abbildung eines Köfferchens mit rotem Kreuz darauf).

13 Das geschieht in erster Linie ikonisch (Darstellung eines als klickbar ausgewiesenen Health Packs), aber auch z.B. auditiv: So müsste z.B. ein Auswahlklick auf der extradiegetischen Ebene eigentlich (wenn überhaupt) mit einem Klickgeräusch untermalt werden. Stattdessen werden aber oftmals Geräusche eingesetzt, die der diegetischen Spielwelt entlehnt sind.

14 Vgl. Neitzel (2008): Neitzel beschreibt ein strukturell vergleichbares Phänomen unterschiedlicher und einander überlappender Bedeutungsebenen anhand des Funktionsgefüges von Spieler und Avatar und »der aus dieser Duplizität resultierenden Paradoxie der doppelten Adressierung des Spielers als einem in und außerhalb der Diegese Handelnden« (ebd.: 152).

15 Es existieren seltene Ausnahmen, in denen Computerspiele ggf. ohne Aktionsformen auskommen. So können sich Spiele, deren Prinzip auf einer starken physischen Forderung der Spieler beruht, auch ganz auf die Darstellung von Kontrollformen beschränken. Beispielsweise kann das Bildschirmgeschehen bei *Dance Dance Revolution*, wo der Spieler auf einer Tanzmatte tanzt, komplett als Kontrollform interpretiert werden; die Darstellung beschränkt sich nämlich weitgehend auf Richtungspfeile, die über ihre Bewegung auf dem Bildschirm die Bewegungsanweisungen für den Spieler auf der Tanzmatte geben (vgl.

Wiemer 2006: 248 f.). Im Grunde genommen hat man es bei diesen Spielen mit einer Umkehrung der sonst üblichen Verhältnisse zu tun: Während es bei den meisten Computerspielen angemessen scheint, den Spieler als Ausgangspunkt des Regelkreises zu modellieren (s.o.), ist es hier das Spiel, welches dominant den Spieler zu steuern scheint. Aus dieser Perspektive betrachtet wären die Darstellungen auf dem Bildschirm Handlungsformen und die Bewegungen des Spielers Aktionsformen.

16 Vgl. hierzu auch Galloways Unterscheidung von »move act« und »ambience act« (Galloway 2006: 37 f.).
17 Auf der Makroebene werden solche Interdependenzen in Bezug auf Film und Computerspiel z.B. untersucht in Leschke/Venus 2007.
18 Auch Goffman (1963) beschreibt Interaktion als gegenseitiges Wahrnehmen.
19 Calleja führt auf der Makroebene unter der Kategorie »affektiv« jedoch die Beeinflussung der Stimmung der Spieler an, die wohl nur schwer durch audiovisuelle Attraktion hergestellt werden kann, und auch er selbst stellt keine Verbindung her.
20 So gibt es z.B. in *World of Warcraft* seit der *Wrath of the Lich King*-Erweiterung einen Non-Player-Character namens Harrison Jones, der in Not geratene Frauen rettet und dessen Rolle in der Erweiterung *Cataclysm* noch ausgebaut wurde. Hier fungiert er als Archäologielehrer und hat eine eigene Questreihe bekommen. Hemet Nesingwary ist eine weitere solche Figur. Als Großwildjäger und Verfasser der *Grünen Hügel des Schlingendorntals* fungiert sie im Spiel als Questgeber – der Angelerfolg *Der alte Gnom und das Meer* stellt eine weitere Anspielung auf Hemingway dar. Deutlich selbstreferenziell wird das Spiel in der Quest »Beamtenmikado«, in der der Spieler die Rolle eines Questgebers annimmt und an verschiedene vom Spiel generierte Spielertypen – den Neuling, den Kämpfer, den Erfolgsjäger – Quests ausgibt.
21 So umfasst das Handbuch zu *Civilization III* 230 Seiten.
22 Auch Falschspieler gehen diesen Handlungsvertrag ein, selbst wenn sie die Regeln umgehen.
23 Inzwischen sind die Zahlen rückläufig, vgl. http://www.pcgames.de/Facebook-Firma-215528/News/Facebook-Farmville-und-Co-mit-dramatisch-einbrechenden-Spielerzahlen-750017/ (10.10.2011).

24 Blizzard hat – durchaus selbstironisch – für eine schier unerreichbare Anzahl von Erfolgen in *World of Warcraft* den Titel »Der Wahnsinnige« eingeführt.
25 Für eine ausführliche Darstellung der narrativen Strukturen vgl. Neitzel 2000.
26 So schafft die sogenannte First-Person-Perspective ein anderes Distanzverhältnis und ein anderes Körpergefühl als eine Außensicht oder die sogenannte Third-Person-Perspective. Zur Kritik dieser Bezeichnungen vgl. Neitzel 2000.
27 Zur Entwicklung der (Re)präsentation des Raumes im Computerspiel vgl. Wolf 2001a.
28 Um es noch einmal zu betonen: Es handelt sich um eine Imitation, nicht um eine Gleichheit.
29 Natürlich gibt es auch bei diesen Spielen Techniken, die die Diegese öffnen, wie zum Beispiel selbstreferenzielle Verweise auf die Spielsituation.
30 Und ganz zu Recht hat die Kategorie des Avatars in den Game Studies eine besonders breite Aufmerksamkeit gefunden, vgl. etwa Klevjer (2006) und Sorg (2010), jeweils mit weiterführender Literatur.
31 Ein solcher Thinking-Aloud-Kommentar der ersten Sequenz des Spiels *Max Payne 2* findet sich etwa unter http://www.youtube.com/watch?v=aUW-MhjTyV0, (10.10.2011).
32 Stellvertretend für das einhellige Meinungsbild sowohl in der professionellen als auch in der laienhaften, fankulturellen Computerspielkritik bringt Gonzalo Frasca den Status der Reihe prägnant auf den Punkt: »Every once in a while, an important game is released. By ›important‹ I mean a game that can change our idea of what games are supposed to be.« (Frasca 2001)
33 Alle Titel der *GTA*-Reihe lassen sich nicht derart über einen Leisten schlagen, da sich die Titel in ihrer audiovisuellen Anmutung erheblich voneinander unterscheiden. In der Tat: Die Form des Gift-Wrappings hat in der *GTA*-Reihe einige bedeutende Wandlungen durchgemacht. Ließen *GTA I* und *GTA II* nur eine Vogelperspektive auf den Spielplan zu, wodurch die Spielfiguren lediglich als ameisenhafte Spielmarken erschienen, stieg die Komplexität der audiovisuellen Realisierung seit *GTA III* rapide an: Das Bildfeld bietet seither, basierend auf einer 3D-Computergrafik-Engine, eine avatarbezogene Over-the-

shoulder-Perspektive auf das Geschehen, die Spielfiguren können in allen denkbaren Einstellungsgrößen von der Totalen bis zum Close-up betrachtet werden, sie werden stimmlich und visuell prägnant differenziert, und die Aufträge werden durch aufwändige Cutscenes eingeleitet und abgeschlossen. Auch die Steuerungsmöglichkeiten der virtuellen Figuren und Objekte sind entsprechend erweitert worden. Die Anmutung des Gameplay aber wirkt über die verschiedenen Teile der Serie erstaunlich konstant und stützt Markku Eskelinens berühmt-berüchtigten Befund, dass audiovisuelle Präsentationsformen eines Computerspiels der Spielmechanik äußerlich bleiben (Eskelinen 2001).

34 Ich folge hier den bildtheoretischen Argumenten Lambert Wiesings (2005).
35 Diese Sicht auf das Computerspiel wurde auch dadurch befördert, dass ein erster prominenter Gegenstand der Game Studies das Text-Adventure war.
36 Ähnlich argumentieren in Bezug auf die theoretische Auseinandersetzung mit dem Film Röttger/Jackob 2006: 572f.
37 Eine pointierte Kritik dieser Position liefert Beil 2009a sowie ders. 2012: 23: »Computerspielbilder werden nicht in erster Linie realistischer, sie werden vor allem vielfältiger.«
38 Das Klischee der Interaktivitäts-Matrix widerlegt auch Matussek 2004.
39 Gottfried Boehm gewinnt die Denkfigur der »ikonischen Differenz« an starken Bildern, d.h. an Kunstbildern: »Ein starkes Bild lebt aus eben dieser doppelten Wahrheit: etwas zu zeigen, auch etwas vorzutäuschen und zugleich die Kriterien und Prämissen dieser Erfahrung zu demonstrieren.« (Boehm 1994: 35)
40 Vgl. auch Jay David Bolters und Richard Grusins Konzept von Remediation, das zwei dialektisch ineinander verschränkte Komponenten kennt: *Immediacy*, die Selbstneutralisierung eines Mediums, und *Hypermediacy*, die Repräsentation eines Mediums in einem anderen, die im Unterschied zu dessen Unsichtbarmachung das bewusste Ausstellen, die Reflexion der eigenen Vermitteltheit, der eigenen Mediatisierungsleistung inszeniert (siehe Bolter/Grusin 1999). Ein weiteres Konzept, das diese Untersuchung grundiert, hier aber nur genannt werden kann, ist das der Intermedialität, insbesondere das der ontologischen Intermedialität (siehe Schröter 1998, 2008).

41 Zwischen diesen Polen war das Feld der Game Studies ursprünglich aufgespannt: Während die Narratologen das Computerspiel als eine Erzählung betrachteten und wie einen Text interpretierten, nahmen die Ludologen Abstand von diesem ›Inhaltismus‹ und unterstrichen die spielmechanischen Herausforderungen, also etwa Reiz-Reaktions-Kopplungen innerhalb des Gameplay. Seit einiger Zeit beginnen sich diese Positionen, die nie vollständig antagonistisch waren, zunehmend mehr zu durchdringen.

42 Mit »digitalem« Bild wird im Folgenden das rechnergenerierte, nicht das digitalisierte Bild bezeichnet. Siehe zum Folgenden auch Hensel 2011a. Bei vorliegendem Text handelt es sich um eine leicht überarbeitete Fassung dieses Aufsatzes.

43 Vgl. auch Nake 2005: 47: »Das Bild als digitales Bild [...] ist Oberfläche und Unterfläche zugleich. Beide – das ist entscheidend – sind objektiv vorhanden. Die Oberfläche des digitalen Bildes ist sichtbar, während die Unterfläche bearbeitbar ist. Die Oberfläche besteht für den Benutzer, die Unterfläche für den Prozessor (mit Programm).« Ähnliche Formulierungen sind in der einschlägigen Literatur weit verbreitet: So sprechen Frieder Nake und Susanne Grabowski (2005: 144) in Bezug auf das Computerbild von der »semiotische[n] Koppelung von Sichtbarkeit und Ausführbarkeit«, Lev Manovich (2002: 289) von »two levels, a surface appearance and the underlying code« respektive von sich gegenseitig beeinflussenden »two distinct layers – the ›cultural layer‹ and the ›computer layer‹« (2002: 46) oder in Anlehnung an Manovich Werner Kogge (2004, 313) von einer »Doppelstruktur aus Illusionsraum und digitaler Maschine«. Vgl. auch Hinterwaldner 2010: 110–116.

44 Vgl. Nake 2005: 49: »Erst das verdoppelte Bild erlaubt die technische Interaktion. Es wird geradezu zur Schnittstelle seiner selbst: Die sichtbare Oberfläche des Bildes wird zum Interface seiner unsichtbaren Unterfläche.« Vgl. auch Manovich 2002: 290 oder Groh 2007: 15.

45 Kritisch erörtert die Vorstellung von »Interaktivität« etwa auch Mertens 2004.

46 Burke (1969: xx) selbst führt diese handlungstheoretische Polysemie eines Begriffs am Beispiel von »Krieg« vor: »War may be treated as an Agency, insofar as it is a means to an end; as a collective Act, subdivisible into many individual acts; as a Purpose, in schemes proclaiming

a cult of war. For the man inducted into the army, war is a Scene, a situation that motivates the nature of his training; and in mythologies war is an Agent, or perhaps better a super-agent, in the figure of the war god.«

47 Dieses Spiel mit Maßstab und Perspektive ist möglich, weil der weiße Raum unbestimmt ist und so gut wie kein Bezugssystem vorhält (Quelle: »Official *Echochrome II E3* video game trailer PlayStation Move«, http://www.youtube.com/watch?v=Usn6eo9FeTM, [10.10.2011]).
48 Ein anderes Beispiel erläutert Hensel 2011b: 55.
49 Zur Theorie des Avatars siehe grundlegend Klevjer 2006.
50 Auf diese Dialektik weist mit Blick auf den Vorgänger *Echochrome* schon Jens Meinrenken (2012) hin, dem ich für diesen Hinweis danke. Zu *Echochrome* siehe auch Beil 2009a.
51 De facto ist den meisten neu erscheinenden Spielen, seien es *Art games* oder *Commercial games*, eine solche Reflexion eigen. *Echochrome II* kann insofern in seiner Verdichtung und Zuspitzung als ein exponiertes Beispiel verstanden werden, ist aber vom Prinzip her keine Ausnahme. Allein schon das Spielen mit Schattenbildern scheint sich gegenwärtig zu einem eigenen Subgenre zu entwickeln (siehe bspw. *Der Schattenläufer und die Rätsel des dunklen Turms*).
52 Bredekamps Theorie des Bildakts betrachtet Bilder als »autonom aktive Entitäten« (Bredekamp 2010: 323).
53 Die performativen Äußerungen oder Sätze charakterisiert Austin wie folgt: »[D]as Äußern des Satzes ist, jedenfalls teilweise, das Vollziehen einer Handlung.« (Austin 2002: 28) Austin modifizierte im Fortgang seiner Überlegungen die Theorie der Sprechakte, wie dies nach ihm auch John Searle und andere taten. In unserem Zusammenhang interessiert indessen nur der im vorstehenden Zitat angesprochene Aspekt. Die Diskussion um den Sprechakt zeichnet z.B. Seja (2009) nach.
54 Tatsächlich befindet sich das Computerspiel gemäß dem historiografischen Modell von Lorenz Engell, der Medien in vier Phasen sich entwickeln sieht, in seiner vierten Phase, der Phase der »verstärkten Selbstbeobachtung und Selbstreflexivität«: Hier nimmt das Medium »Zugriff auf sich selbst, auf seine vergangenen Entwicklungsphasen, auf das in ihrem Verlauf entwickelte Regelwerk etwa, und setzt sich selbst damit auseinander. In vielen Fällen kommt es dabei z.B. zu einer Zeit der experimentellen Erprobung und Erweiterung der eigenen

technischen, ästhetischen und pragmatischen Möglichkeiten. [...] ein Ästhetisierungsvorgang, der häufig als Avantgardebildung formalisiert wird. Die Öffnung des Mediums für die Kunst [...] ist etwa eine typische Verlaufsform, mit der die selbstreflexive Phase einsetzen oder sich vorbereiten kann.« (Engell 2001: 52 und 54)

55 Zur Diskussion um das Computerspiel als Kunstform siehe etwa Clarke/Mitchell 2007.
56 Beispielsweise Consalvo (2007) zum Cheating, Consalvo (2009) zu Störungen in MMORPGs sowie Knorr (2009) zu Störungen in *Doom* und *Quake*.
57 Einen kritischen Überblick über die Behandlung dieses vielfach zitierten Konzepts, u.a. bei Juul 2005 sowie Salen/Zimmerman 2004, liefert Stephan Günzel. Vgl. dazu Stephan Günzel, Der reine Raum des Spiels. Zur Kritik des Magic Circle, in: Mathias Fuchs/Ernst Strouhal (Hg.), Das Spiel und seine Grenzen. Passagen des Spiels II, Wien 2005, S. 187-200.
58 Das System Spieler ist hier keinesfalls mit dem System Mensch gleichzusetzten. Ersteres ist ein Element des Letzteren: Das System Spieler beschreibt nur den computerspielenden Menschen.
59 Bei Galloway (2006: 29 ff.) erfahren diese Störungen als »nondiegetic machine acts« eine Zuordnung zur Gruppe der »disabling acts«.
60 Nach Galloway (2006: 31) liegt hier zwar auch ein »disabling act« vor, der in diesem Fall jedoch keine Störung darstellt.
61 So kann etwa das Auslösen einer in der Spielmechanik vorgesehenen, rechenintensiven Aktion durch den Spieler ein Spiel zum Absturz bringen, wenn die Hardware die Rechenlast zu einem bestimmten Zeitpunkt nicht mehr bewältigen kann. Ebenso lässt sich bei der Programmierung eines Spiels nicht mit Sicherheit sagen, ob Spieler beispielsweise einen makabren Inhalt als gelungenen schwarzen Humor oder als verstörend wahrnehmen werden.
62 Die Absicht zur Störung der Kommunikation, u.a. als Statusmerkmal, sieht Consalvo (2009: 307 ff.) auch in der Verwendung einer Subsprache des Spielerjargons, der ›in-game lingo‹.
63 Da beim wiederholten Durchspielen durch die zeitübergreifende Kenntnis des Spielers keine intendierten Störungen mehr möglich wären, muss bei der Bemessung stets das Vorwissen beim ersten Spieldurchlauf gedacht werden.

64 Ursprünglich wurde das Testbild nur vor dem Start und nach dem Schluss des Sendebetriebs sowie bei Signalübergaben zwischen Sendestationen übertragen. Die Hochphase dieser Benutzung lag in den USA in den 1940er und 1950er Jahren. Vgl. dazu: Sandy Stewart, Here's looking at us. A personal history of television in Canada, Montreal 1986.

65 Auch wenn der Spieler die Anspielung auf das *Starcraft*-Universum nicht erkennt, verläuft der Prozess ähnlich, da der ›Murloc Marine‹ in der Spielwelt ausdrücklich als *pet* (dt. ›Haustier‹) gekennzeichnet ist. Die ›pets‹, von denen sich die Avatare begleiten lassen können, sind dabei Träger von Anspielungen und Scherzen aller Art und werden *per se* nicht zwingend als homogener Teil des Spieleuniversums angesehen. In diesem Sinne reicht schon das Erkennen des ›pet‹-Status zum Auflösen der Irritation.

66 Die Definition von Salen und Zimmermann greift Huizingas knappe Beschreibung des Falschspielers auf. Vgl dazu Huizinga 2009: 20.

67 Die Bedeutung und Verbreitung dieser Produkte ist mit dem Aufkommen der ›Next Generation Konsolen‹ wie der *PlayStation 3* oder *Xbox 360* jedoch stark zurückgegangen, da die Konsolenhersteller die Verminderung der technischen Zugänglichkeit für solche Cheatmodule stetig vorantreiben. Beispielsweise zeichnet sich der Trend bereits 2005 in einem Bericht des videospielzentrierten Entertaimentportals IGN ab. Vgl. dazu sng: Cheat Device Report 2005. IGN compares the top cheat devices for 2005, URL: http://faqs.ign.com/articles/626/626742 p1.html (05.06.2011).

68 Dies ist dem Spieler möglich, insofern er über die nötigen technischen Kenntnisse verfügt. Während das klassische Modding eine profunde Kenntnis der programmtechnischen Grundlagen voraussetzt, ist dies für das von den Spieleentwicklern unterstützte Modding nicht zwingend nötig.

69 Zur Erläuterung der u.a. kommerziellen Beweggründe für diese Entwicklung siehe Beil (2009b) und Jeppesen (2004).

70 Die Entwicklerunterstützung ist in der Art zu verstehen, dass die Entwickler die Tools zur Verfügung stellen. Support, so wie für das Hauptspiel üblich, wird für diese Anwendungen aber nicht geleistet.

Literatur

Aarseth, Espen J. (1997), Cybertext. Perspectives on Ergodic Literature, Baltimore/London.

Aarseth, Espen J. (2004), Genre Trouble: Narrativism and the art of simulation, in: Noah Wardrip-Fruin/Pat Harrigan (Hg.), FirstPerson: New Media as Story, Performance, and Game, Cambridge, MA, S. 45-55.

Adelmann, Ralf/Hartmut Winkler (2009), Selbst etwas tun. Handeln und Subjektkonstitution im Computerspiel. Vortrag an der HBK Braunschweig, http://homepages.uni-paderborn.de/winkler/handeln.pdf (10.10.2011).

Apperley, Thomas H. (2006), Genre and Game Studies: Toward a Critical Approach to Video Game Genres, in: Simulation & Gaming, Jg. 37, Heft 1, S. 6-23.

Apperley, Thomas H. (2009), Genre Studies, in: Bernard Perron/Mark J.P. Wolf, The Video Game Theory Reader 2, New York/London, S. 353-354.

Arsenault, Dominic (2009), Video Game Genre. Evolution and Innovation, in: Eludamos. Journal for Computer Game Culture, Jg. 3, Heft 2, S. 149-176.

Arsenault, Dominic/Perron, Bernhard (2009), In the Frame of the Magic Cycle. The Circle(s) of Gameplay, in: ders./ders. (Hg.), The Video Game Theory Reader 2, New York/London, S. 109-131.

Austin, John Langshaw (1962), How to do things with words. The William James lectures delivered at Harvard University in 1955, Cambridge, MA.

Austin, John Langshaw (2002), Zur Theorie der Sprechakte (How to do things with Words) [1962], Stuttgart.

Bausch, Constanze/Jörissen, Benjamin (2005), Das Spiel mit dem Bild. Zur Ikonologie von Action-Computerspielen, in: Christoph Wulf/Jörg Zirfas (Hg.), Ikonologie des Performativen, München, S. 345-364.

Bazin, André (2005), Der Mythos vom totalen Film, in: ders., Was ist Film?, Berlin, S. 43-49.

Beil, Benjamin (2009a), Spiel mit der Perspektive. Von gedrehten, gequetschten und unmöglichen Räumen im Computerspiel, in: Gundolf Winter et al. (Hg.), Das Raumbild: Bilder jenseits ihrer Flächen, Bielefeld/München, S. 239-257.

Beil, Benjamin (2009b), Vom Castle Smurfenstein zum LittleBigPlanet. Modding, Leveleditoren und Prosumenten–Kulturen, in: Sebastian Abresch et al. (Hg.), Prosumenten–Kulturen, Siegen, S. 191-214.

Beil, Benjamin (2012), Avatarbilder. Zur Bildlichkeit des zeitgenössischen Computerspiels, Bielefeld.

Beil, Benjamin/Schröter, Jens (2011), Die Parallelperspektive im digitalen Bild, in: ZfM. Zeitschrift für Medienwissenschaft 4, Jg. 3, Heft 1, S. 127-137.

Belliger, Andréa/Krieger, David J. (Hg.) (2006), ANThology. Ein einführendes Handbuch zur Akteur-Netzwerk-Theorie, Bielefeld.

Bittanti, Matteo (2001), The Technoludic Film. Images of Video Games in Movies (1973-2001), San Jose.

Bittanti, Matteo/Morris, Sue (Hg.) (2005), Doom. Giocare in prima persona [Doom. The First Person Reader], Mailand.

Blanchet, Robert (2003), Blockbuster. Ästhetik, Ökonomie und Geschichte des postklassischen Hollywoodkinos, Marburg.

Boehm, Gottfried (1994), Die Wiederkehr der Bilder, in: ders. (Hg.), Was ist ein Bild?, München, S. 11-38.

Bolter, Jay David/Grusin, Richard (1999), Remediation. Understanding New Media, Cambridge, MA/London.

Bopp, Matthias et al. (Hg.) (2009), Shooter. Eine multidisziplinäre Einführung, Münster.

Bordwell, David (1985), Narration in the Fiction Film, London.

Bredekamp, Horst (2000), Sankt Peter in Rom und das Prinzip der produktiven Zerstörung. Bau und Abbau von Bramante bis Bernini, Berlin.

Bredekamp, Horst (2010), Theorie des Bildakts. Frankfurter Adorno-Vorlesungen, Berlin.

Brookey, Robert Alan (2010), Hollywood Gamers. Digital Convergence in the Film and Video Game Industries, Bloomington/Indianapolis.

Burill, Derek A. (2002), »Oh, Grow Up 007« – The Performance of Bond and Boyhood in Film and Videogames, in: Geoff King/Tanya Krzywinska (Hg.), ScreenPlay. Cinema. Videogames. Interfaces, London u.a., S. 181-193.

Burke, Kenneth (1969), A Grammar of Motives [1945], Berkeley u.a.

Butler, Mark (2007), Would you like to play a game? Die Kultur des Computerspielens, Berlin.

Calleja, Gordon (2007), Digital Games as Designed Experience: Reframing the Concept of Immersion, Wellington, http://www.gordoncalleja.com/GordonCalleja_Digital_Games_as_Designed_Experience.pdf (10.10.2011).

Cermak-Sassenrath, Daniel (2010), Interaktivität als Spiel. Neue Perspektiven auf den Alltag mit dem Computer, Bielefeld.

Clarke, Andy/Mitchell Grethe (Hg.) (2007), Videogames and Art, Bristol/Chicago.

Consalvo, Mia (2007), Cheating. Gaining Advantage in Videogames, Cambridge, MA/London.

Consalvo, Mia (2009), Lag, Language, and Lingo. Theorizing Noise in Online Game Spaces, in: Bernard Perron/Mark J.P. Wolf, The Video Game Theory Reader 2, New York/London, S. 295-312.

Crafton, Donald (1993), Before Mickey. The Animated Film 1898-1928 [1982], Chicago/London.

Crawford, Chris (2003), Interactive Storytelling, in: Bernard Perron/Mark J.P. Wolf, The Video Game Theory Reader, New York/London, S. 259-273.

Crogan, Patrick (2007), Playing Through: The Future of Alternative and Critical Game Projekts, in: Suzanne De Castell/Jennifer Jenson (Hg.), Worlds in Play. International Perspectives on Digital Games Research, New York, S. 87-102.

Cummings, A. H. (2007), The Evolution of Game Controllers and Control Schemes and their Effect on their Games, in: The 17th Annual University of Southhampton Multimedia Systems Conference, http://users.ecs.soton.ac.uk/ahc08r/mms.pdf (10.10.2011).

Danto, Arthur C. (1993), Das Ende der Kunstgeschichte ist nicht das Ende der Kunst. Karlheinz Lüdeking sprach mit Arthur C. Danto, in: Kunstforum International, Bd. 123, S. 200-208.

Distelmeyer, Jan (2006), Unterwegs zur Abteilung Spieltheorie. Überlegungen zum Verhältnis zwischen Videospielen und dem populären Kino, in: Britta Neitzel/Rolf F. Nohr (Hg.), Das Spiel mit dem Medium. Immersion. Interaktion. Partizipation, Marburg, S. 187-207.

Dyer, Richard (1998), Stars, London.

Eco, Umberto (1990), Lector in Fabula. Die Mitarbeit der Interpretation in erzählenden Texten, München.

Engell, Lorenz (2001), Die genetische Funktion des Historischen in der Geschichte der Bildmedien, in: Archiv für Mediengeschichte 1, S. 33-56.

Ericsson, Karl A./Simon, Herbert A. (1980), Verbal Reports as Data, in: Psychological Review, Jg. 87, Heft 3, S. 215-251.

Ermi, Laura/Mäyrä, Frans (2005), Fundamental Components of the Gameplay Experience: Analysing Immersion, Proceedings of DiGRA 2005 Conference: Changing Views – Worlds in Play, http://www.digra.org/dl/display_html?chid=http://www.digra.org/dl/db/06276.41516.pdf (10.10.2011).

Eskelinen, Markku (2001), The Gaming Situation, in: Games Studies, Jg. 1, Heft 1, http://www.gamestudies.org/0101/eskelinen/ (10.10.2011).

Farmer, Randall F./Morningstar, Chip (1991), The Lessons of Lucasfilm's Habitat, in: Michael Benedikt (Hg.), Cyberspace: First Steps, Cambridge, MA/London, S. 273-301.

Felzmann, Sebastian (2010), Playing Yesterday: Mediennostalgie und Videospiele, in: Andreas Böhn/Kurt Möser (Hg.), Techniknostalgie und Retrotechnologie, Karlsruhe, S. 197-215.

Fernández-Vara, Clara/Zagal, José Pablo/Mateas, Michael et al. (2005), Evolution of Spatial Configurations in Videogames, in: Proceedings of DiGRA 2005 Conference: Changing Views – Worlds in Play, http://www.digra.org/dl/db/06278.04249.pdf (10.10.2011).

Flusser, Vilém (1994), Gesten. Versuch einer Phänomenologie, Frankfurt a.M.

Foerster, Heinz von (1993), KybernEthik, Berlin.

Forster, Winnie/Freundorfer, Stephan (2004), Joysticks – Eine illustrierte Geschichte der Game Controller 1972-2004, Utting.

Foucault, Michel (1997), Dies ist keine Pfeife. Mit zwei Briefen und vier Zeichnungen von René Magritte [1973], München.

Frasca, Gonzalo (2003a), Sim Sin City: Some Thoughts About Grand Theft Auto 3, in: Game Studies, Jg. 3, Heft 2, http://www.gamestudies.org/0302/frasca/ (10.10.2011).

Frasca, Gonzalo (2003b), Simulation versus Narrative: Introduction to Ludology, in: Bernard Perron/Mark J.P. Wolf, The Video Game Theory Reader, New York/London, S. 221-235.

Friedman, Ted (1995), Making Sense of Software: Computer Games and Interactive Textuality, in: Steven G. Jones (Hg.), Cybersociety. Computer-mediated Communication and Community, Thousand Oaks u.a., S. 73-89.

Fritz, Jürgen (1997), Macht, Herrschaft und Kontrolle im Computerspiel, in: Jürgen Fritz/Wolfgang Fehr (Hg.), Handbuch Medien: Computerspiele, Bonn.

Fritz, Jürgen (2000), Schemata und Computerspiel, in: Computerspiele auf dem Prüfstand, Bundeszentrale für politische Bildung.

Galloway, Alexander R. (2006), Gaming. Essays on Algorithmic Culture, Minneapolis/London.

Gebauer, Gunter/Christoph Wulff (1998), Spiel – Ritual – Geste. Mimetisches Handeln in der Sozialen Welt, Reinbek bei Hamburg.

Geimer, Peter (2002), Was ist kein Bild? Zur ›Störung der Verweisung‹, in: ders. (Hg.), Ordnungen der Sichtbarkeit. Fotografie in Wissenschaft, Kunst und Technologie, Frankfurt a.M., S. 313-341.

Gibson, James J. (1977), The Theory of Affordances, in: Robert Shaw/John Bransford (Hg.), Perceiving, Acting, and Knowing. Toward an Ecological Psychology, Hillsdale/New Jersey, S. 67-82.

Goertz, Lutz (1995), Wie interaktiv sind Medien? Auf dem Weg zu einer Definition von Interaktivität, in: Rundfunk und Fernsehen, Jg. 43, Heft 4, S. 463-476.

Goffman, Erving (1963), Behavior in Public Places. Notes on the Social Organisation of Gatherings, New York.

Goldmeier, Erich (1937), Über Ähnlichkeit bei gesehenen Figuren, in: Psychologische Forschung: Zeitschrift für Psychologie und ihre Grenzwissenschaften, Heft 21, S. 146-208.

Grau, Oliver (2000), Virtuelle Kunst in Geschichte und Gegenwart. Visuelle Strategien, Berlin.

Grau, Oliver (2005), Immersion und Emotion. Zwei bildwissenschaftliche Schlüsselbegriffe, in: ders./Andreas Keil (Hg.), Mediale Emotionen. Zur Lenkung von Gefühlen durch Bild und Sound, Frankfurt a.M., S. 70-106.

Gregersen, Andreas/Grodal, Torben (2009), Embodiment and Interface, in: Bernard Perron/Mark J.P. Wolf (Hg.), The Video Game Theory Reader 2, New York/London, S.65-83.

Groh, Rainer (2007), Das Interaktions-Bild. Theorie und Methodik der Interfacegestaltung, Dresden.

Grube, Gernot (2006), Digitale Abbildungen – ihr prekärer Zeichenstatus, in: Martina Heßler (Hg.), Konstruierte Sichtbarkeiten. Wissenschafts- und Technikbilder seit der Frühen Neuzeit, München, S. 179-196.

Günzel, Stephan (2006), Bildtheoretische Analyse von Computerspielen in der Perspektive Erste Person, in: IMAGE. Zeitschrift für interdisziplinäre Bildwissenschaft 4, Jg. 2, Heft 2, S. 31-43.

Günzel, Stephan (2008a), Die Realität des Simulationsbildes. Raum im Computerspiel, in: Jörg H. Gleiter (Hg.): Die Realität der Imagination – Architektur und das digitale Bild (10. Internationales Bauhaus-Kolloquium), Weimar, S. 127-136.

Günzel, Stephan (2008b), Raum, Karte und Weg im Computerspiel, in: Jan Distelmeyer/Christine Hanke/Dieter Mersch et al. (Hg.), Game Over?! Perspektiven des Computerspiels, Bielefeld, S. 115-131.

Günzel, Stephan (2009), Simulation und Perspektive. Der bildtheoretische Ansatz in der Computerspielforschung, in: Matthias Bopp/Serjoscha Wiemer/Rolf F. Nohr et al. (Hg.), Shooter. Eine multidisziplinäre Einführung, Münster, S. 331-352.

Günzel, Stephan (2010), The Spatial Turn in Computer Game Studies, in: Konstantin Mitgutsch/Christoph Klimmt/Herbert Rosenstingl et al. (Hg.), Exploring the Edges of Gaming. Proceedings of the Vienna Games Conference 2008-2009: Future and Reality of Gaming, Wien, S. 147-156.

Hagen, Wolfgang (2002), Es gibt kein ›digitales Bild‹. – Eine medienepistemologische Anmerkung, in: Archiv für Mediengeschichte 2, S. 103-110.

Halbach, Wulf R. (1994), Interfaces. Medien- und kommunikationstheoretische Elemente einer Interface-Theorie, München.

Heaton, Tom (2006), A Circular Model of Gameplay, http://www.gamasutra.com/view/feature/2569/a_circular_model_of_gameplay (10.10.2011).

Hediger, Vinzenz/Vonderau, Patrick (2005), Landkarten des Vergnügens. Genre und Filmvermarktung, in: ders./ders. (Hg.), Demnächst in Ihrem Kino. Grundlagen der Filmwerbung und Filmvermarktung, Marburg, S. 240-248.

Heidegger, Martin (1969), Sein und Zeit, Tübingen.

Heim, Michael (1998), Virtual Realism, Oxford.

Hellige, Hans Dieter (2008), Krisen- und Innovationsphasen in der Mensch-Computer-Interaktion, in: Hans Dieter Hellige (Hg.), Mensch-Computer-Interface. Zur Geschichte und Zukunft der Computerbedienung, Bielefeld, S. 11-92.

Hennion, Antoine (2011), Offene Objekte, Offene Subjekte? Körper und Dinge im Geflecht von Anhänglichkeit, Zuneigung und Verbundenheit, in: Zeitschrift für Medien- und Kulturforschung, Jg. 2, Heft 1, S. 93-109.

Hensel Thomas (2002), Albrecht Dürer, Erwin Panofsky und der ›performative turn‹ der Kunstwissenschaft, in: ders./Hans Ulrich Reck/Siegfried Zielinski et al. (Hg.), Goodbye, Dear Pigeons. Lab – Jahrbuch 2001/02 für Künste und Apparate, Köln, S. 330-338.

Hensel Thomas (2009), Aperspektive und Anamorphose. Zu Raumbildern der Vormoderne, in: Gundolf Winter/Jens Schröter/Joanna Barck et al. (Hg.), Das Raumbild. Bilder jenseits ihrer Flächen, München, S. 159-176.

Hensel, Thomas (2011a), Das Spielen des Bildes. Für einen Iconic Turn der Game Studies, in: MEDIENwissenschaft. Rezensionen, Reviews, Jg. 28, Heft 3, S. 282-293.

Hensel Thomas (2011b), Nature morte im Fadenkreuz. Zur Bildlichkeit des Computerspiels (Intermedia Design Books 02), Trier.

Hensel Thomas (2012), Still Life in the Crosshairs or For an Iconic Turn in Game Studies, in: Rania Gaafar/Martin Schulz (Hg.), Technology and Desire. The Transgressive Art of Moving Images, Bristol (im Erscheinen).

Hickethier, Knut (2003), Genretheorie und Genreanalyse, in: Jürgen Felix (Hg.), Moderne Filmtheorie, Mainz, S. 62-96.

Hinterwaldner, Inge (2010), Das systemische Bild. Ikonizität im Rahmen computerbasierter Echtzeitsimulationen, München.

Huizinga, Johan (2009), Homo Ludens. Vom Ursprung der Kultur im Spiel [1938], Reinbek bei Hamburg.

Hunt, Leon (2002), »I Know Kung Fu!« The Martial Arts in the Age of Digital Reproduction, in: Geoff King/Tanya Krzywinska (Hg.), ScreenPlay. Cinema. Videogames. Interfaces, London u.a., S. 194-205.

Iser, Wolfgang (1994), Der Akt des Lesens, München.

Kittler, Friedrich (1993), Es gibt keine Software, in: ders., Draculas Vermächtnis. Technische Schriften, Leipzig, S. 225-242.

Jenkins, Henry (1992), Textual Poachers. Television Fans & Participatory Culture, New York/London.

Jenkins, Henry (2006a), Fans, Bloggers, and Gamers. Exploring Participatory Culture, New York/London.

Jenkins Henry (2006b), Convergence Culture. Where Old and New Media Collide, New York/London.

Jeppensen, Lars Bo (2004), Profiting from innovative user communities: How firms organize the production of user modifications in the computer games industry, http://openarchive.cbs.dk/bitstream/handle/10398/7227/wp%202004–03_main%20doc.pdf (10.10.2011).

Juul, Jesper (2005), Half-Real. Video Games between Real Rules and Fictional Worlds, Cambridge/London.

King, Geoff (2002), Die Hard/Try Harder. Narrative, Spectacle and Beyond, from Hollywood to Videogame, in: ders./Tanya Krzywinska (Hg.), ScreenPlay. Cinema. Videogames. Interfaces, London u.a., S. 50-65.

King, Geoff/Krzywinska, Tanya (Hg.) (2002), ScreenPlay. Cinema. Videogames. Interfaces, London u.a.

King, Geoff/Tanya Krzywinska (2006), Tomb Raiders and Space Invaders. Videogame Forms and Contexts, London/New York.

Kirchmann, Kay (2002), Filmgenres, in: Helmut Schanze (Hg.), Metzler Lexikon Medientheorie Medienwissenschaft. Ansätze – Personen – Grundbegriffe, Stuttgart/Weimar, S. 93-94.

Klevjer, Rune (2006), What is the Avatar? Fiction and Embodiment in Avatar-Based Singleplayer Computer Games. Bergen (PhD Thesis, Univ. of Bergen), URL: http://folk.uib.no/smkrk/docs/RuneKlevjer_What%20is%20the%20Avatar_finalprint.pdf (10.10.2011).

Klevjer, Rune (2009), The Way of the Gun. Die Ästhetik des Singleplayer First-Person-Shooters, in: Benjamin Beil et al. (Hg.), It's all in the Game, Marburg, S. 53-72.

Knorr, Alexander (2009), Trickjumping: Die kulturelle Aneignung des Spielraums. Vom virtuosen Spielen zum Modifizieren und zurück, in:

Matthias Bopp et al. (Hg.), Shooter. Eine multidisziplinäre Einführung, Münster, S. 217-245.

Kogge, Werner (2004), Lev Manovich – Society of the Screen, in: Alice Lagaay/David Lauer (Hg.), Medientheorien. Eine philosophische Einführung, Frankfurt a.M./New York, S. 297-315.

Konersmann, Ralf (1991), René Magritte. Die verbotene Reproduktion. Über die Sichtbarkeit des Denkens, Frankfurt a.M.

Krämer, Sybille (1998), Das Medium als Spur und Apparat, in: dies. (Hg.), Medien, Computer, Realität, Frankfurt a.M., S. 73-94.

Krämer, Sybille (2000), ›Performativität‹ und ›Verkörperung‹. Über zwei Leitideen für eine Reflexion der Medien, in: Claus Pias (Hg.), Neue Vorträge zur Medienkultur, Weimar, S. 185-197.

Krämer, Sybille (2002), Verschwindet der Körper? Ein Kommentar zu virtuellen Räumen, in: Rudolf Maresch/Niels Werber (Hg.), Raum Wissen Macht, Frankfurt a.M., S. 49-68.

Krämer, Sybille/Bredekamp, Horst (2003), Kultur, Technik, Kulturtechnik: Wider die Diskursivierung von Kultur. Zur Einleitung in diesen Band, in: dies./ders. (Hg.), Bild, Schrift, Zahl, München, S. 11-22.

Krämer, Sybille/Stahlhut, Marco (2001), Das »Performative« als Thema der Sprach- und Kulturphilosophie, in: Erika Fischer-Lichte/Christoph Wulf (Hg.), Paragrana. Internationale Zeitschrift für Historische Anthropologie (Theorien des Performativen), Jg. 10, Heft 1, S. 35-64.

Krzywinska, Tanya (2002), Hands on Horror, in: Geoff King/dies. (Hg.), ScreenPlay. Cinema. Videogames. Interfaces, London u.a., S. 206-223.

Kümmel, Albert/Schüttplez, Erhard (2003), Medientheorie der Störung/Störungstheorie der Medien. Eine Fibel, in: ders./ders. (Hg.), Signale der Störung, München, S. 9-13.

Lahti, Martti (2003), As We Become Machines: Corporealized Pleasures in Video Games, in: Mark J.P. Wolf/Bernard Perron (Hg.), The Video Game Theory Reader, New York, S. 157-170.

Laukkanen, Tero (2005), Modding Scenes. Introduction to User-Created Content in Computer Gaming, Tampere.

Leroi-Gourhan, André (1988), Hand und Wort. Die Evolution von Technik, Sprache und Kunst, Frankfurt a.M.

Leschke, Rainer (2010), Medien und Formen. Eine Morphologie der Medien, Konstanz.

Leschke, Rainer et al. (2008), Interaktivität. Ein Begriff im Netz der Wissenschaften, in: Navigationen. Zeitschrift für Medien- und Kulturwissenschaften, 8 (1) (»Interaktionen«), S. 81-101.

Leschke, Rainer/Venus, Jochen (Hg.) (2007), Spielformen im Spielfilm. Zur Medienmorphologie des Kinos nach der Postmoderne, Bielefeld.

Liebrand, Claudia/Steiner, Ines (2004), Einleitung, in: dies./dies. (Hg.), Hollywood Hybrid. Genre und Gender im zeitgenössischen Mainstream-Film, Marburg, S. 7-14.

Lombard, Matthew/Theresa Ditton (1997), At the Heart of It All: The Concept of Presence, in: JCMC (Journal of Computer Mediated Communication) Jg. 3, Heft 2, http://jcmc.indiana.edu/vol3/issue2/lombard.html (10.10.2011).

Luhmann, Niklas (1987), Soziale Systeme. Grundriß einer allgemeinen Theorie [1984], Frankfurt a.M.

Luhmann, Niklas (1988), Was ist Kommunikation?, in: Fritz B. Simon (Hg.), Lebende Systeme. Wirklichkeitskonstruktionen in der Systemischen Therapie, Berlin u.a., S. 47-53.

Luhmann, Niklas (1993), Schematismen der Interaktion, in: ders.: Soziologische Aufklärung, Bd. 3, 3. Auflage, Opladen, S. 81-100.

Manovich, Lev (1997), Über totalitäre Interaktivität. Beobachtungen vom Feind des Volkes, in: Telepolis. Die Zeitschrift für Netzkultur 1, 1997, S. 123-127.

Manovich, Lev (2002), The Language of New Media, Cambridge, MA/London.

Manovich, Lev (2005), Die Poetik des erweiterten Raums: von Prada lernen, in: ders: Black Box – White Cube, Berlin, S. 105-143.

Marin, Louis (2004), Das Opake der Malerei. Zur Repräsentation im Quattrocento [1989], Berlin.

Maturana, Humberto R./Varela, Francisco J. (2010), Der Baum der Erkenntnis. Die biologischen Wurzeln menschlichen Erkennens [1987], 3. Aufl., Frankfurt a.M.

Matussek, Peter (2004), Bewegte und Bewegende Bilder. Animationstechniken im historischen Vergleich, in: Christina Lechtermann/Carsten Morsch/Horst Wenzel et al. (Hg.), Kunst der Bewegung. Kinästhetische Wahrnehmung und Probehandeln in virtuellen Welten (Publikationen zur Zeitschrift für Germanistik, Neue Folge, Bd. 8), Bern, S. 1-13.

Matussek, Peter (2011), ›Stolpern fördert.‹ Störfälle als Inspirationsquelle, in: Lars Koch/Christer Petersen/Joseph Vogl (Hg.), Zeitschrift für Kulturwissenschaften: Störfälle, Ausgabe 10, Heft 2, Bielefeld, S. 63-71.

McLuhan (1994), Die magischen Kanäle. Understanding Media, Dresden/Basel.

McMahan, Alison (2003), Immersion, Engagement, and Presence: A Method for Analyzing 3D Video Games, in: Mark J.P. Wolf/Bernard Perron (Hg.), The Video Game Theory Reader, New York, S. 67-86.

Meinrenken, Jens (2012), Dimensionssprünge auf virtuellem Papier. Zum Verhältnis von Comic und Computerspiel, in: Jürgen Sorg/Jochen Venus (Hg.), Erzählformen im Computerspiel. Zur Medienmorphologie digitaler Spiele, Bielefeld (im Erscheinen).

Mersch, Dieter (2008a), Logik und Medialität des Computerspiels. Eine medientheoretische Analyse, in: Jan Distelmeyer/Christine Hanke/ders. et al. (Hg.), Game over!? Perspektiven des Computerspiels, Bielefeld, S. 19-41.

Mersch, Dieter (2008b), Tertium datur. Einleitung in eine negative Medientheorie, in: Stefan Münker/Alexander Roesler (Hg.), Was ist ein Medium?, Frankfurt a.M., S. 304-321.

Mertens, Mathias (2004), Computerspiele sind nicht interaktiv, in: Christoph Bieber/Claus Leggewie (Hg.), Interaktivität. Ein transdisziplinärer Schlüsselbegriff, Frankfurt a.M./New York, S. 272-288.

Moorstedt, Tobias (2008), Der Traum vom Holodeck. Über die schwindenden Grenzen zwischen Spiel und Film, in: Daniela Kloock (Hg.), Zukunft Kino. The End of the Real World, Marburg, S. 189-207.

Murray, Janet H. (1997), Hamlet on the Holodeck. The Future of Narrative in Cyberspace, New York u.a.

Nake, Frieder (2005), Das doppelte Bild, in: Bildwelten des Wissens. Kunsthistorisches Jahrbuch für Bildkritik (Digitale Form), Band 3,2, S. 40-50.

Nake, Frieder/Grabowski, Susanne (2005), Zwei Weisen, das Computerbild zu betrachten. Ansicht des Analogen und des Digitalen, in: Martin Warnke/Wolfgang Coy/Georg Christoph Tholen et al. (Hg.), HyperKult II. Zur Ortsbestimmung analoger und digitaler Medien, Bielefeld, S. 123-149.

Nead, Lynda (2007), The Haunted Gallery. Painting, Photography, Film c. 1900, New Haven/London.

Neitzel, Britta (2000), Gespielte Geschichten. Struktur- und prozessanalytische Untersuchungen der Narrativität von Videospielen, Weimar, http://www.db-thueringen.de/servlets/DerivateServlet/Derivate-2063/Dissertation.html (10.10.2011).

Neitzel, Britta (2004), Wer bin ich? Zur Avatar-Spieler Bindung, in: dies. et al. (Hg.) »See? I'm real ...« Multidisziplinäre Zugänge zum Computerspiel am Beispiel von »Silent Hill«, Münster, S. 193-212.

Neitzel, Britta (2007), Point of View and Point of Action. Eine Perspektive auf die Perspektive in Computerspielen, in: Klaus Bartels/Jan Noël Thon (Hg.), Computer/Spiel/Räume. Materialien zur Einführung in die Computer Game Studies, Hamburg, S. 8-28.

Neitzel, Britta (2008), Selbstreferenz im Computerspiel, in: Winfried Nöth/Nina Bishara/dies. et al., Mediale Selbstreferenz: Grundlagen und Fallstudien zu Werbung, Computerspiel und Comics, Köln, S. 119-196.

Neitzel, Britta/Nohr, Rolf F. (2010), Game Studies, in: MEDIENwissenschaft. Rezensionen, Reviews, Jg. 27, Heft 4, S. 416-435.

Newman, James (2002), The Myth of the Ergodic Videogame. Some Thoughts on Player-Character Relationships in Videogames, in: Game Studies, Jg. 2, Heft 1, http://www.gamestudies.org/0102/newman (10.10.2011).

Nitsche, Michael (2008), Video Game Spaces. Image, Play, and Structure in 3D Worlds, Cambridge, MA/London.

Norman, Donald (1988), The Psychology of Everyday Things, New York.

Perron, Bernard (2009), Horror Video Games. Essays on the Fusion of Fear and Play, Jefferson u.a.

Pflüger, Jörg (2004), Konversation, Manipulation, Delegation. Zur Ideengeschichte der Interaktivität, in: Hans Dieter Hellige (Hg.), Geschichten der Informatik. Visionen, Paradigmen, Leitbilder, Berlin, S. 367-408.

Pias, Claus (2002), Computer Spiel Welten, München.

Pias, Claus (2003), Das digitale Bild gibt es nicht – Über das (Nicht-)Wissen der Bilder und die informatische Illusion, in: zeitenblicke, Jg. 2, Heft 1, http://www.zeitenblicke.de/2003/01/pias/ (10.10.2011).

Prange, Regine (2010), Sinnoffenheit und Sinnverneinung als metapicturale Prinzipien. Zur Historizität bildlicher Selbstreferenz am Beispiel der Rückenfigur, in: Verena Kriege/Rachel Mader (Hg.), Ambiguität in der Kunst. Typen und Funktionen eines ästhetischen Paradigmas, Köln/Weimar/Wien u.a., S. 125-167.

Rapp, Bernhard (2008), Selbstreflexivität im Computerspiel. Theoretische, analytische und funktionale Zugänge zum Phänomen autothematischer Strategien in Games, Boizenburg.

Rauscher, Andreas (2012), Spielerische Fiktionen – Genrekonzepte in Videospielen, Marburg.

Rautzenberg, Markus (2009), Die Gegenwendigkeit der Störung. Aspekte einer postmetaphysischen Präsenztheorie, Zürich/Berlin.

Robinett, Warren (2003), Foreword, in: Bernard Perron/Mark J.P. Wolf, The Video Game Theory Reader, New York/London, S. vii-xix.

Röttger, Kati/Jackob Alexander (2006), Bilder einer unendlichen Fahrt. David Lynchs Mulholland Drive in bildwissenschaftlicher Perspektive, in: Thomas Koebner/Thomas Meder/Fabienne Liptay et al. (Hg.), Bildtheorie und Film, München, S. 572-583.

Rumbke, Leif (2005), Pixel3. Raumrepräsentation im klassischen Computerspiel, http://www.rumbke.de/data/text/pixel3%20-%20leif%20rumbke%202005.pdf (10.10.2011).

Ryan, Marie-Laure (2001), Narrative as Virtual Reality. Immersion and Interactivity in Literature and Electronic Media, Baltimore u.a.

Sahdev, Ishaan (2007), The Monotony of the First Person Shooter, http://www.games.net/blog/26773/the-monotony-of-the-first-person-shooter/ (10.10.2011).

Salen, Katie/Zimmerman, Eric (2004), Rules of Play. Game Design Fundamentals, Cambridge/London.

Sandbothe, Mike (2005), Pragmatic Media Philosophy. Foundations of a New Discipline in the Internet Age, sandbothe.net, http://www.sandbothe.net/pmp.pdf (10.10.2011).

Schmid, Georg (2006), Freud/Film oder das Kino als Kur, Wien.

Schmidt, Konrad (2005), Brain-Computer-Interfaces. Endpunkt der Illusionsgeschichte?, in: Oliver Grau/Andreas Keil (Hg.), Mediale Emotionen. Zur Lenkung von Gefühlen durch Bild und Sound, Frankfurt a.M., S. 194-214.

Schmitz, Norbert M. (2000), Bewegung als symbolische Form. Die Ikonologie und der Kunstbegriff der Medienwissenschaften, in: Heinz-B. Heller et al. (Hg.), Über Bilder Sprechen. Positionen und Perspektiven der Medienwissenschaft (Schriftenreihe der Gesellschaft für Film- und Fernsehwissenschaft, Bd. 8), Marburg, S. 79-95.

Schneider, Irmela (2004), Genre, Gender, Medien. Eine historische Skizze und ein beobachtungstheoretischer Vorschlag, in: Claudia Liebrand/Ines Steiner (Hg.), Hollywood Hybrid. Genre und Gender im zeitgenössischen Mainstream-Film, Marburg, S. 16-28.

Schröter, Jens (1998), Intermedialität. Facetten und Probleme eines aktuellen medienwissenschaftlichen Begriffs, in: montage/av Jg. 7, Heft 2, S. 129-154.

Schröter, Jens (2008), Das ur-intermediale Netzwerk und die (Neu-)Erfindung des Mediums im (digitalen) Modernismus. Ein Versuch, in: Joachim Paech/ders. (Hg.), Intermedialität analog/digital. Theorien, Methoden, Analysen, München, S. 579-601.

Schweinitz, Jörg (2006), Totale Immersion, Kino und die Utopien von der virtuellen Realität. Zur Geschichte und Theorie eines Mediengründungsmythos, in: Britta Neitzel/Rolf F. Nohr (Hg.), Das Spiel mit dem Medium. Partizipation – Immersion – Interaktion, Marburg, S. 136-153.

Schwingeler, Stephan (2008), Die Raummaschine. Raum und Perspektive im Computerspiel, Boizenburg.

Seja, Silvia (2009), Handlungstheorien des Bildes, Köln.

Sorg, Jürgen (2010), Figurenkonzepte im Computerspiel, in: Rainer Leschke/Henriette Heidbrink (Hg.), Formen der Figur. Figurenkonzepte in Künsten und Medien, Konstanz, S. 341-371.

Sorg, Jürgen/Heidbrink, Henriette (2009), Dazwischen. Zur Mesodimension der Medien, in: Ingo Köster/Kai Schubert (Hg.), Medien in Raum und Zeit. Maßverhältnisse des Medialen, Bielefeld, S. 81-100.

Sommerer, C./Jain, L.C./Mignonneau, L. (Hg.) (2008), The Art and Science of Interface and Interaction Design, Heidelberg.

Sotamaa, Olli (2003), Computer Game Modding, Intermediality and Participatory Culture, http://www.uta.fi/~olli.sotamaa/documents/sotamaa_participatory_culture.pdf (10.10.2011).

Spies, Christian (2007), Die Trägheit des Bildes. Bildlichkeit und Zeit zwischen Malerei und Video, München.

Stam, Robert (2000), Film Theory – An Introduction, Malden.

Stockburger, Axel (2006), The Rendered Arena. Modalities of Space in Video and Computer Games, Doctoral Thesis, University of the Arts,

London, http://www.stockburger.at/files/2010/04/Stockburger_Phd.pdf (10.10.2011).

Stoichita, Victor I. (1998), Das selbstbewußte Bild. Vom Ursprung der Metamalerei [1993], München.

Stoichita, Victor I. (1999), Eine kurze Geschichte des Schattens [1997], München.

Thon, Jan-Noël (2008), Immersion Revisited. On the Value of a Contested Concept, in: Amyris Fernandez et al. (Hg.), Extending Experiences. Structure, Analysis and Design of Computer Game Player Experience, Rovaniemi, S. 29-43.

Venus, Jochen (2007), Teamspirit. Zur Morphologie der Gruppenfigur, in: Rainer Leschke/Jochen Venus (Hg.), Spielformen im Spielfilm. Zur Medienmorphologie des Kinos nach der Postmoderne. Bielefeld, S. 299-327.

Vogt, Jochen (1990), Aspekte erzählender Prosa: eine Einführung in Erzähltechnik und Romantheorie, Opladen.

Waelder, Paul (2008), An Enhanced Duelling Artefact: PainStation and the Role of Competition in Video Games, in: Olli Lein/Hanna Wirman/Amyris Fernandez et al. (Hg.), Extending Experiences. Structure, Analysis and Design of Computer Game Player Experience, Rovaniemi, S. 163-177.

Wagner, Monika (2004), Die tabula rasa als Denk-Bild. Zur Vorgeschichte bildloser Bilder, in: Barbara Naumann/Edgar Pankow (Hg.), Bilder-Denken. Bildlichkeit und Argumentation, München, S. 67-86.

Walz, Steffen P. (2010), Toward a Ludic Architecture. The Space of Play and Games, Pittsburgh.

Wennerberg, Hjalmar (2011), Der Begriff der Familienähnlichkeit in Ludwig Wittgensteins Spätphilosophie, in: Eike von Savigny (Hg.), Ludwig Wittgenstein: Philosophische Untersuchungen, Berlin, S. 33-55.

Wenzel, Horst (2003), Initialen. Vom Pergament zum Bildschirm, in: Zeitschrift für Germanistik, Jg. 24, Heft 3, S. 629-641.

Wertheimer, Max (1923), Untersuchungen zur Lehre von der Gestalt. II, in: Psychologische Forschung: Zeitschrift für Psychologie und ihre Grenzwissenschaften, Heft 4, S. 301-350.

Wiemer, Serjoscha (2006), Körpergrenzen. Zum Verhältnis von Spieler und Bild in Videospielen, in: Britta Neitzel/Rolf F. Nohr (Hg.), Das Spiel mit dem Medium. Partizipation – Immersion – Interaktion, Marburg, S. 244-260.

Wiesing, Lambert (2005), Artifizielle Präsenz. Studien zur Philosophie des Bildes, Frankfurt a.M.

Witzmann, Hannes (2007), Game Controller. Vom Paddle zur gestenbasierten Steuerung, Boizenburg.

Wolf, Mark J.P. (2001a), Space in the Video Game, in: ders. (Hg.), The Medium of the Video Game, Austin, S. 51-75.

Wolf, Mark J.P. (2001b), Genre and the Video Game, in: ders. (Hg.), The Medium of the Video Game, Austin, S. 113-134.

Zeigarnik, Bluma (1927), Das Behalten erledigter und unerledigter Handlungen, in: Psychologische Forschung: Zeitschrift für Psychologie und ihre Grenzwissenschaften, Heft 9, S. 1-85.

Zöllner, Frank (1987), Vitruvs Proportionsfigur. Quellenkritische Studien zur Kunstliteratur des 15. und 16. Jahrhunderts, Worms.

Glossar

8-Bit-Ära
Allgemein wird darunter die dritte Generation der Spielkonsolen (u.a. das Nintendo Entertainment System) von etwa 1983 bis 1992 verstanden. Die besondere Ausflaggung der zugrunde liegenden Prozessorarchitektur kam jedoch erst mit den 16-Bit-Konsolen auf, um diese von den älteren Systemen abzugrenzen. 8-Bit-Grafik, die sich durch grobe Pixel und wenige verschiedene, aber dafür grelle Farben auszeichnet, gehört heute als Retro-Stilmittel zum ästhetischen Vokabular des Computerspiels.

Arcade
Das Arcade-Spiel bezeichnet frühe Videospiele, die auf eigenständigen, in Spielhallen (engl. *Penny Arcades*) aufgestellten Automaten laufen.

Avatar
Bezeichnet verschiedene Formen grafischer Stellvertreter des Spielers und kann allgemein als ›Spielfigur‹ verstanden werden. Ursprünglich stammt der Begriff aus dem Sanskrit und bezeichnet eine irdische, körperliche Inkarnation eines Gottes.

Benchmark
Im EDV-Bereich werden darunter Programme zur Messung der Leistungsfähigkeit eines Systems verstanden. Für Computerspiele gilt insbesondere das ›flüssige‹ Ablaufen des Programms als entscheidendes Kriterium.

Browsergames
Zumeist kostenlos angebotene Computerspiele, die nicht auf dem eigenen Computer installiert werden müssen, sondern über den Webbrowser gespielt werden.

Bug
Englischer Begriff für einen Programmfehler, mit dem schon vor der Entwicklung des Computers technische Störungen bezeichnet wurden. Die Verwendung im Computerjargon geht wahrscheinlich auf einen echten *Bug* (dt. Käfer) zurück, der 1947 im Relais eines Großcomputers eine Fehlfunktion verursachte. Eine ähnliche Bedeutung besitzt *Glitch*, das sich vom deutschen ›glitschig‹ ableitet. Ursprünglich bezeichnet der Begriff temporäre Falschausgaben diskreter Schaltkreise aufgrund unterschiedlicher Signallaufzeiten. Im Kontext des Computers nähert sich die Bedeutung der des *Bugs* an, beschreibt aber tendenziell minderschwere Störungen.

Casual Games
Als Casual Games werden recht unscharf und über Genregrenzen hinweg ›Gelegenheitsspiele‹ bezeichnet, die sich durch einfache Zugänglichkeit im Erlernen des Spielprinzips und der Steuerung auszeichnen und dabei auf kurzzeitige Unterhaltung ausgelegt sind. Der Gruppe der Casual Games, die für ein breites Zielpublikum ausgelegt sind, stehen diametral die sogenannten Hardcore Games gegenüber.

Cheating/Cheat Codes/Hacking
Bezeichnet das Schummeln in Computerspielen, etwa durch bestimmte Eingaben im Spiel (sogenannte Cheat Codes) oder durch das Manipulieren des Spiels auf der Ebene des Codes (sogenanntes Hacking).

Clipping
Ein Vorgang in der Computergrafik. Dabei werden Teile virtueller Objekte an bestimmten Punkten abgeschnitten, etwa wenn diese ineinanderragen.

Community
Gemeinschaften, die sich im Umfeld des Spiels aus verschiedenen Gründen (Ranglisten, Modding usw.) zusammenfinden und teilweise über Features auch in das Spiel eingebunden werden, etwa über im Spiel abrufbare Highscores. Insbesondere in MMORPGs werden auch Gilden, Clans oder andere Zusammenschlüsse von Spielern als Community bezeichnet.

Cover-Spielmechanik
Bezeichnet die Einbindung von Deckungsmöglichkeiten für den Avatar in

der Spielwelt (etwa hinter Mauern oder Autos), die vor allem in Feuergefechten von Relevanz sind. Seit dem Aufkommen um 2000 ist dieses spielmechanische Element in den meisten Shootern etabliert.

Cutscene
Bezeichnet eine Zwischensequenz, oft im Sinne einer Filmsequenz, die dem Spieler ohne dessen interaktive Beteiligung die Spielhandlung vermittelt.

Debugging
Bezeichnet den Prozess des Auffindens und Behebens von Programmfehlern, den *Bugs*. In der Spielentwicklung ist damit u.a. das ausführliche Testen aller Bestandteile des Spiels verbunden.

Diegese
Ein Begriff der Erzähl- bzw. Filmtheorie. Bezogen auf das Computerspiel beinhaltet er alles, was zur Spielwelt bzw. zum Spieluniversum gehört. Dementsprechend bezeichnet *intradiegetisch* etwas zur Spielwelt Gehöriges, während *extradiegetisch* etwas außerhalb der Spielwelt Befindliches meint.

Editor (Leveleditor)
Ein Programm zum Modifizieren von Inhalten eines Spiels. Der Leveleditor dient dazu, die räumliche Spielwelt, etwa Karten bei Strategiespielen, zu erstellen oder abzuändern.

Emulation
Bezeichnet im Computerbereich allgemein die Nachbildung eines Systems innerhalb eines anderen Systems durch eine spezifische Software, den Emulator. Computerspielrelevant sind etwa Emulatoren, die (oft auch veraltete) Spielkonsolen auf PCs nachbilden.

Ergodizität
Ein aus der Physik entlehnter Begriff, der sich aus den griechischen Wörtern »ergon« (dt. »Arbeit«) und »hodos« (dt. »Weg«) zusammensetzt. In den Game Studies wurde er insbesondere durch Espen Aarseth in seiner Monografie *Cybertext* (1997) geprägt. Demnach gibt der Autor eines ergodischen Spiels (bzw. eines ergodischen Texts) u.a. mehrere mögliche Handlungspfade vor, die vom Spieler (als Co-Autor) in eine lineare Abfolge gebracht

werden müssen. Ein solches Spiel verlangt dem Spieler also nicht-triviale geistige und/oder körperliche (Bedienung der Eingabegeräte) Handlungen ab, um ›gelöst‹ zu werden.

First-Person-Shooter (FPS)
Auch *Ego-Shooter* genanntes Genre des Computerspiels, bei dem die Visualisierung aus einer dem Gesichtsfeld ähnlichen Perspektive erfolgt und in dem Schießen eine wesentliche Spielmechanik darstellt.

Force-Feedback
Oberbegriff für Controllertechnologien, die – oftmals durch Vibration – dem Spieler ein haptisches Feedback geben.

Hardcore Games
Ein (oftmals eher umgangssprachlich gebrauchtes) Attribut für Spiele, die sich durch komplexe Spielprinzipien und/oder anspruchsvolles Gameplay auszeichnen. Ein übergreifendes Kriterium ist dabei eine ausgeprägte und mitunter langwierige Lernphase. Das begriffliche Gegenteil der Hardcore Games, die sich zumeist an ein spezifisches Publikum richten, stellen die sogenannten Casual Games dar.

Health Pack
Objekt in der virtuellen Welt eines Spiels, welches einen bestimmten kritischen Wert des Avatars, bei dessen Absinken auf null die Spielpartie zumeist als verloren gewertet wird, steigert. In vielen Fällen werden Health Packs in Form von Verbandskästen dargestellt, die die Lebensenergie der Spielfigur mehren.

in-game
Bezeichnet »im Spiel« oder »dem Spiel zugehörig«.

isometrisch
Bezeichnet in Computerspielen eine Darstellung, in der der Spieler schräg von oben auf ein parallelperspektivisch dargestelltes Geschehen blickt.

Joypad
Ein zumeist ergonomisch angepasster Controller mit Knöpfen und/oder Joysticks, der explizit zur Steuerung von Spielen dient.

Level
In Bezug auf Computerspiele hat der Begriff zwei Bedeutungen: Erstens wird ein bestimmter, zusammenhängender Abschnitt der Spielwelt als ›Spiellevel‹ bezeichnet. Zweitens kann der Fortschritt der Entwicklung eines Avatars durch ein ›Charakterlevel‹ ausgedrückt werden, was vor allem in Rollenspielen der Fall ist.

Lightgun
Ein Eingabegerät, das in Form und Funktion einer Schusswaffe nachempfunden ist. Anders als der Name vermuten lässt, sendet die Lightgun jedoch kein Licht aus, sondern registriert über einen Photosensor den laufenden Strahl der Kathodenstrahlröhre eines Bildschirms, wodurch sich die anvisierte Position bestimmen lässt.

Ludologie
Eine transdisziplinäre Forschungsrichtung, die sich mit Spielen auseinandersetzt. Innerhalb der Game Studies betont die Ludologie die regelgeleitete Simulation als Kernkonzept des Computerspiels. Im Gegensatz zur Spieltheorie, die auf mathematischen Grundlagen beruht, ist die Ludologie in der Kulturtheorie anzusiedeln.

MMORPG
Massively Multiplayer Online Roleplaying Game. Ein über das Internet laufendes Rollenspiel, dessen virtuelle Spielwelt ständig fortläuft und von oft mehreren tausend Spielern bevölkert werden kann.

Modding
Die Modifikation von Spielinhalten durch Nutzer.

Multiplayer (Mehrspieler)
Modus des Computerspiels, in dem mehrere Spieler gegeneinander oder miteinander (Coop-Modus) gegen das Spiel antreten.

Narratologie
Eine interdisziplinäre Methode, die die Erzählung zum Gegenstand hat. In narratologischer Perspektive werden die erzählenden Elemente im Computerspiel untersucht.

Non-Player-Character
Ein Non-Player-Character (NPC) ist eine Figur der Spielwelt, die nicht durch einen Spieler, sondern durch das Spiel gesteuert wird.

Point'n'Click-Adventure
Subgenre des Abenteuer-Spiels, das sich durch eine bestimmte Steuerungslogik abgrenzt, bei der die Navigation durch die Spielwelt und die Interaktion mit Objekten in der Spielwelt vornehmlich durch das Positionieren und Klicken mit der Maus erfolgen.

Quest
Eine vom Spiel gestellte Aufgabe, wobei Hauptquests von Nebenquests unterschieden werden. Während Erstere vom Spieler erfüllt werden müssen, um die Haupthandlung voranzutreiben, bezeichnen Letztere optionale Aufgaben, die abseits der Haupthandlung bearbeitet werden können. Der englische Begriff »Quest« (dt. »Suche«), leitet sich vom altfranzösischen »queste« ab und bezeichnet ursprünglich eine archetypische Heldenreise.

Quick-Time-Event
Bezeichnet eine Situation während des Gameplay, insbesondere auch während Cutscenes, in der der Spieler oftmals überraschend zu einer zeitkritischen Eingabe aufgefordert wird. Typischerweise handelt es sich dabei um einen einfachen oder repetitiven Tastendruck, der im Kontext des Quick-Time-Events eine andere Aktion als im sonstigen Gameplay auslöst.

Serious Games
Ein Spielgenre, das nicht primär die Unterhaltung zur Aufgabe hat, sondern den Hauptfokus auf die Vermittlung von Bildung und Information oder spezifischen Fähigkeiten (z.B. spielerisch aufbereitete Programme zur Bedienung von Maschinen) setzt. Auch zu Werbezwecken eingesetzte Spiele werden als Serious Games bezeichnet. Um als Spiel zu funktionieren, müssen jedoch zumindest Teile des Gameplays Unterhaltungswert bieten.

Singleplayer (Einzelspieler)
Modus des Computerspiels, in dem ein Spieler allein, oft gegen das Spiel (bzw. gegen dort einprogrammierte Verhaltensweisen) spielt.

Social Games
Hierunter werden Spiele zusammengefasst, die ein direktes oder indirektes Zusammenwirken verschiedener Spieler erfordern und dabei oftmals einen hohen Wert auf Kommunikation zwischen den Spielern legen. Die Gestaltung des Zusammenwirkens kann sich dabei als kompetitiv, kooperativ oder Mischform der beiden Arten darstellen. Oftmals werden Social Games auch innerhalb von Social Network Sites (Facebook etc.) gespielt.

Sprites
Meist animierte 2D-Grafikobjekte. In frühen Computerspielen wurden etwa Spielfiguren und Objekte als Sprites vor einer Hintergrundgrafik angezeigt. Die Technik findet, neben der Darstellung des Mauszeigers als Sprite, vor allem noch in grafisch einfach gehaltenen Browsergames Anwendung.

Survival Horror
Charakteristisch für dieses Spielgenre ist zumeist ein übernatürliches oder Science-Fiction-Setting, innerhalb dessen dem Spieler eine beständige existenzielle Bedrohungssituation vermittelt wird. Dies kann etwa durch verschiedene Schockeffekte in der Spielwelt und zumeist die Darstellung des Avatars als verletzlich realisiert werden.

Trainer
Ein spezielles Programm, das zum Cheating verwendet wird und dazu den laufenden Spielcode manipuliert.

Abbildungsverzeichnis

Abb. 1: *Alan Wake* (2010; Remedy Entertainment/Microsoft Game Studios); Abb. 2: *3D Dot Game Heroes* (2010; Silicon Studio/SouthPeak Games); Abb. 3: *Eat Lead: The Return of Matt Hazard* (2009; Vicious Cycle Software/D3 Publisher); Abb. 4: *Spore* (2008; Maxis/Electronic Arts); Abb. 5: *Borderlands* (2009; Gearbox Software/2K Games); Abb. 6: *Densha de Go!* (1995; Taito/Square-Enix); Abb. 7: *Sock Master's Console Controller Family Tree*, http://www.axess.com/twilight/console/; Abb. 8: *Tomb Raider II* (1997; Core Design/Eidos Interactive); Abb. 9: *Tomb Raider: Anniversary* (2007; Crystal Dynamics/Eidos Interactive); Abb. 10: *Wer wird Millionär?* (seit 1999; Endemol/RTL); Abb. 11: *Farmville* (2009; Zynga/Zynga); Abb. 12: *Farmville* (2009; Zynga/Zynga); Abb. 13: *Interaktivitäts-Matrix*, nach: Halbach, Wulf R. (1994), Interfaces. Medien- und kommunikationstheoretische Elemente einer Interface-Theorie, München, S. 173; Abb. 14-15: *Official Echochrome II E3 Video Game Trailer PlayStation Move*, http://www.youtube.com/watch?v=Usn6eo9FeTM; Abb. 16: Grafik des Verfassers, nach Tom Heaton (2006): *A Circular Model of Gameplay*, http://www.gamasutra.com/view/feature/2569/a_circular_model_of_gameplay; Abb. 17: *Halo: Combat Evolved* (2001; Bungie/Microsoft Game Studios); Abb. 18-19: Grafik des Verfassers; Abb. 20: *Batman: Arkham Asylum* (2009; Rocksteady Studios/Eidos Interactive 2009); Abb. 21: *Fallout 3* (2008; Bethesda/Bethesda); Abb. 22: *World of Warcraft* (2004; Blizzard/Vivendi), http://www.electrobeans.de/bilder/20090515-wow-haustier-grunty-the-murloc-marine.jpg; Abb. 23: *Starcraft II: Wings of Liberty* (2010; Blizzard/Vivendi), ›Terran Marine‹-Figur in Spielgrafik, http://media.giantbomb.com/uploads/1/10948/637767-marine.jpg

Die **Games Coop** besteht aus Mitgliedern des Medienwissenschaftlichen Seminars der Universität Siegen, die sich schwerpunktmäßig mit dem Computerspiel auseinandersetzen. Zur Gruppe gehören Benjamin Beil, Philipp Bojahr, Thomas Hensel, Britta Neitzel, Timo Schemer-Reinhard und Jochen Venus.